发掘孩子潜能，塑造非凡天才

让孩子赢在终点

RANG HAIZI YINGZAI ZHONGDIAN

张岩 编著

云南出版集团公司
云南人民出版社

图书在版编目(CIP)数据

让孩子赢在终点 / 张岩编著. —— 昆明：云南人民出版社，2011.11
ISBN 978-7-222-08413-1

Ⅰ．①让… Ⅱ．①张… Ⅲ．①家庭教育 Ⅳ．①G78

中国版本图书馆CIP数据核字(2011)第223678号

组　　稿：刘诚林　和晓玲
责任编辑：陈艳芳　黄　灿
特约编辑：杨　森
责任校对：黄　灿　陈艳芳
责任印制：段金华

书　　名	让孩子赢在终点
作　　者	张岩 编著
策　　划	北京海润源文化有限公司
出　　版	云南出版集团公司　云南人民出版社
发　　行	云南人民出版社
社　　址	昆明市环城西路609号
邮　　编	650034
网　　址	www.ynpph.com.cn
E—mail	rmszbs@public.km.yn.cn
开　　本	787×1092　1/16
印　　张	13.75
字　　数	165千
版　　次	2011年12月第1版第1次印刷
排　　版	北京海润源文化有限公司
印　　数	1—5,000
印　　刷	北京九天众诚印刷有限公司
书　　号	ISBN 978-7-222-08413-1
定　　价	25.80元

尊敬的读者：若你购买的我社图书存在印装质量问题，请与我社发行部联系调换。
发行部电话：(0871)4194864　4191604　4107628(邮购)

目　录

序：每个孩子都可能成为非凡天才

每个孩子都可能成为非凡天才，但这种可能的实现，取决于父母和老师能不能像对待天才那样的去爱护、期望、珍惜这些孩子。孩子的成长方向取决于父母和老师的期望。简单地说，你期望孩子成为一个什么样的人，孩子就可能成为一个什么样的人。

世界上没有完美的孩子：孩子永远处在成长过程中，他们身上当然有自己的缺点，所以，我们看到，每个家长对自己的孩子都有不满意的地方。

请每一位家长想一下：自己身上还有没有缺点？自己对自己满意吗？这个世界上有让人满意的人吗？我们有必要对一个孩子那么苛刻吗？

孩子就是孩子，孩子是依着自己的欲望来做事情的，孩子总是贪玩的，孩子总是对困难的学习有畏惧和逃避的想法，孩子总是好吃懒做的，每一个孩子都可能是平庸的，当然你的孩子也不例外，这些都是正常的。

很多孩子发现自己在家长眼里简直是一无是处。孩子自己身上的确存在问题，但并不是没有优点，然而家长总是发现不了。家长总是

1

能够发现别的孩子身上的优点，再拿着这些优点跟自己孩子身上的缺点比——似乎家长总是在试图让孩子变得沮丧。

说到这里，几乎所有的家长都会觉得这是在说别的家长，因为自己不是这样，自己还是能够一分为二地看待问题的。自己总是能够发现孩子的优点并鼓励孩子。这里我们要强调的一点是，鼓励并不是自己心里认为的对孩子的一种简单的口头肯定。很多家长在鼓励的时候总是两段论：你××方面还可以，但是……这样的话与其说是鼓励，倒不如说是典型的批评。另外，还有家长觉得自己每句话都是对孩子的鼓励，但孩子却说家长的每句话都像子弹一样打在自己的心里。

被称为教育心理学鼻祖的桑代克认为："人的智慧百分之八十取决于基因，百分之十七取决于训练，百分之三取决于偶然因素。"人的智慧中，先天和后天的因素究竟占多少比例，众说不一，还需研究探讨。但可以肯定，人的智慧与先天和后天两个因素有关。我们在教育子女时，既要充分注意智慧的先天因素，又要注意进行与先天因素相一致的后天行为训练。美国哈佛大学教授霍华德加德纳指出：通向成功的道路有许多条，在不同领域、不同行业，人们取得成功所需要的才能和智慧是不一样的，几乎每个孩子都有擅长的一种或几种才能。有的孩子视觉发达，有的孩子听觉发达，有的孩子交际能力强，有的孩子思维能力强，有的孩子表达能力强，还有的孩子身体协调性、柔韧性强。问题的关键在于家长要想了解自己孩子的先天基因的特点、优点和弱点，就需要在具体的实践中去寻找、比较和鉴别。只要当父母的能寻找到孩子智能的最佳点，使其得到充分的发挥，那么，自己的子女就大有希望能成为优秀的人才。下面是几条世界上最伟大的教育原则，也是流传千年的教子智慧，是受益终生的教育圣经。

1. 鱼缸法则

在鱼缸中的热带金鱼，三寸来长，不管养多长时间，始终不见金鱼生长。然而将这种金鱼放到水池中，只需两个月的时间，原本三寸的金鱼可以长到一尺。

对孩子的教育也是一样，孩子的成长需要自由的空间。而父母的保护就像鱼缸一样，孩子在父母的鱼缸中永远难以长成大鱼。要想孩子健康强壮的成长，一定要给孩子自由活动的空间，而不能让他们拘泥于一个小小的父母提供的"鱼缸"。随着社会进步，知识的日益增加，父母更应该克制自己的想法和冲动，给孩子自由成长的空间。

2. 狼性法则

狼是世界上好奇心最强的动物，他们不会将任何事物当成理所当然，而倾向于亲身体验和研究。大自然的神秘、新奇永远令狼惊异。狼总是会对周围的环境产生兴趣，因而它们能够不断在环境中发现食物，了解危险，从而生存下来。

因此家长要培养孩子超强的学习能力，就一定要培养孩子对于世界的好奇心，让他仔细观察生活，用兴趣来作为他学习的老师。这样，孩子才能在未来的人生道路上不断对工作有新创见和新灵感。

3. 南风效应

北风与南风打赌，看谁的力量更强大，他们决定比谁能把行人的大衣脱掉。北风无论怎样猛烈，行人只是将衣服越裹越紧；而南风只是轻轻拂动，人们就热得敞开了大衣。

南风效应告诉人们：宽容是一种强于惩戒的力量。教育孩子同样如此，那些一味批评自己孩子的父母，最终会发现孩子越来越听不进他们的话。每个孩子都可能犯错误。父母要容忍孩子的缺点，客观、理智、科学地处理日常生活中出现的各种问题；同时，体谅孩子从自身入手做好自己的修养工作，这样才能够更好地教育孩子。

4.罗森塔尔效应

罗森塔尔是美国心理学家，1966年他做了一项关于学生对成绩期望的试验。他在一个班上测验结束后将一份"最有前途者"名单交给了校长。校长将这份名单交给了这个班的班主任。8个月后，罗森塔尔和助手再次来到这个班上时，名单上的学生成绩都大幅度提高。

学生成绩提高的秘诀很简单，因为老师更多地关注了他们。

鼓励是一种能力。一个心态平和、真诚平等的人才能够做到很好地鼓励别人。很多家长因为自己的经历和性格等原因，心态很不平和，有时候自己都无法让自己平静下来，很容易激动，这时候就会发泄给孩子。这种事情发生多次以后，孩子就很难相信家长了。很多家长受生活工作环境影响，从来不能平等对人，但自己又不能发觉，自以为对人是平等的，这样当他们不能换得对方的真心流露时，就会产生强烈的失落感。

家长不断发现孩子身上的问题，当然是好心地希望孩子能够改变，这是无可厚非的。但是，我们要知道，孩子将来完全可能是一个最最普通的老百姓，毕竟顶尖优秀的人是少数的，而且，真正做到那样顶尖的人，他们就会很幸福吗？怎么样才能让孩子成为一个真正幸福的人？

这个世界上没有完美的孩子，即使有，这个孩子自己也不会幸福。孩子当然有缺点，但如果孩子在一点点地变好，那就够了。

创造力

CREATIVITY

　　在我国一项"创造力发展调查"中，在近 5 000 份问卷中，约有三成的人认为自己"没有创造力"或"很没有创造力"。尤其是女性，认为自己没有创造力的比例高于男性甚多。年龄超过 60 岁的受访者，认为自己"非常没有创造力"的比例更是高得惊人。同时，也有三成的人，认为自己的爸爸没有创造力，有三成五的人，认为自己的妈妈没有创造力。

　　1994 年，澳大利亚、新西兰、印度、中国及中国香港等九个国家和地区参加了"未来家庭娱乐产品概念设计大赛"，中国共有 20 所学校 1300 多名选手参赛，真可谓阵容强大，气势磅礴。然而，比赛结果却令人寒心，两个组的冠军、亚军、季军，中国孩子连边也没沾上，最后只获得一个带有鼓励性质的纪念奖。在人家闪耀着想象大胆、构思独特的作品面前，中国孩子的作品显得那样苍白，缺乏独创性，这些令中国的家长们感到震惊！

　　世人周知，中华民族是一个富有智慧的民族，中国孩子智商高，在各类知识性考试中往往是出类拔萃的，但中国孩子的思考力和创造力的发展确实需要重视再重视。

　　美国一项调查显示，具有创造力是美国 600 家最成功企业的共同特质。根据日本文部省的调查，56% 的企业主最需要具有创造力的人才。这提示我们，创造力在现代人追求成功的天平上，具有相当的分量。

　　创造性思维是人类的高级心理活动。创造性思维是政治家、教育家、科学家、艺术家等各种出类拔萃的人才所必须具备的基本素质。

心理学认为：创造性思维是指思维不仅能揭示客观事物的本质及内在联系，而且能在此基础上产生新颖的、具有社会价值的前所未有的思维成果。

越来越多的儿童教育专家认为多种智力因素决定了人的创造性。美国哈佛大学教育研究生院教授、心理学家霍华德加德纳总结了儿童所共有的八种智力因素：语言智能、逻辑－数学智能、运动智能、空间智能、音乐智能、自然观察者智能、人际交往智能及内省智能，后两种智能决定了孩子内向或外向的心理倾向。这八种因素中的每一种都表明了人类具有不同的能力来适应他们所处的环境。

如今，大家都在谈创造力，尤其是为人父母者，生怕自己的孩子没有创造能力，生怕自己的孩子因此无立足之地。其实，大可不必如此担忧。因为教育家指出：处处是创造之地，天天是创造之时，人人是创造之人。

所谓创造力，通俗一点说，就是想出新方法，做出新东西的能力。每个孩子都有这个能力。

孩子在游戏中，会表现出他们与生俱来的创造能力。用沙土垒起山脉，架起桥梁，堆起房屋，用筷子当针筒给人扎针，用大人的口气训斥他人，甚至用要赖来要挟父母和各种恶作剧等，这些固然有许多模仿的成分，但更多的是他们原先没有用过的手段和方法，是他们的"新发明"。

任何创造发明，都离不开原有的知识和经验，都是在前人已有的手段方法的基础上的改良改进。火箭导弹，靠的是火药爆炸产生推动力的原理；生物工程，靠的是遗传学等原理；电脑，更是人脑的思维功能和规律与各种学科知识的结合。一句话，创造发明离不开知识和经验的积累。因此，引导孩子努力学习各种知识，引导孩子养成良好的科学的思维习惯，孩子的创造力才会有萌发的土壤。

但是，最重要的是为人父母者能否发现并认识到孩子创造力的萌芽。这取决于父母们的创造观是否正确。

凡是孩子原先不会的而现在会了，就是一种创造；凡是别人没有想到而孩子想到了，就是一种创造；凡是孩子在原先或别人的基础上做得更好的，就是创造。

只要为人父母者树立了这样的观念，就能发现孩子的创造力的萌芽，就能保护孩子最原始的创造意识。这对培养孩子的创造力来说是至关重要的。

善待孩子的创造力，就是善待孩子的生命，就是善待孩子的一生。

教育就是叫人去思维

教育教人以知识，是因为再没有别的东西可教。但知识并不能代替思维，如同思维不能代替知识一样。在大多数实际生活中，知识从来就是不完全的（因为我们处理的事情往往涉及将来），所以我们需要思维。

创造力也是一种思维能力，它并不是漫无边际、天马行空式的创意，而是能提出问题、解决问题、创造新事物、帮助人适应环境的能力。但相对来说，并不是比较聪明的人，就一定有较高的创造力。事实上，历史上有很多有成就的人，本身智商不一定很高，书也不一定读得呱呱叫，但因为他们点子多，心思巧，遇到问题决不放弃，所以成就反而比一般人高出许多。

知识与思维有密切的联系，但绝不是同一个东西。有些孩子非常善于思考，很有创造力，但在校的考试成绩可能很一般；有些孩子的考试成绩非常好，但不善于独立思考，没有创造力，所谓"高分低能"

就是指这类学生。因此，孩子读书、学习，有着双重的目的：一是掌握知识，一是发展思维技能。大多数父母和教师往往注意前者而忽略后者。但教授一门知识课的更为重要的意义恰恰是为了使孩子的思维技能得到发展。"教育就是叫人去思维"，这句话很有道理。所以，家长在培养孩子的思维力方面应注意一些方法：

1.要善于对孩子发问

问题是思维的起点，发问对于培养孩子是很重要的。要想激发孩子的潜能及创造力，父母必须掌握向孩子发问的形式和技巧。要善用发问的技巧，也要学会听孩子发问。因为这既有助于增进亲子关系，更可激发孩子的思考能力，同时可培养其表达能力。

发问时，不要只问"对"或"错"的封闭式问题，最好依据孩子的能力，问一些没有唯一答案的开放性问题，如:茶杯有些什么用途?多少加多少等于10，等等。

台湾学者陈龙安总结出发问技巧的"十字诀"。这"十字诀"是：假、例、比、替、除、可、想、组、六、类。

"假"：就是以"假如……"的方式和孩子玩问答游戏；"例"：即是多举例；"比"：比较东西和东西间的异同；"替"：让孩子多想些有什么是可以相互替代的；"除"：用这样的公式启发，"除了……还有什么"；"可"：可能会怎么样。"想"：让孩子想象各种情况；"组"：把不同的东西组合在一起会如何。"六"：就是"六何"检讨策略，即为何、何人、何时、何事、何处、如何。举例来说，孩子要去郊游，就可以和孩子讨论请谁一起去，何时去，为何要去，到哪里去，带什么去，问题愈多元化，孩子所受到的思考刺激愈多；"类"：是多和孩子类推各种可能。

2. 为孩子创造"想问"的情境

孩子积极思考，主动提出问题，这对孩子思维的发展极其重要。或许有些父母会问，如何才能让孩子想问，会问。要让孩子想问问题并提出问题，一个重要的做法是安排一个情境，以激发孩子发问的兴趣。所谓安排"情境"，有某些技巧可以依循。首先，让孩子感到好奇。如故事说一半，让孩子好奇地想问结果；玩猜谜游戏，给一些暗示，等等。然后引导孩子如何问得清楚，而且能有礼貌地问。其次，鼓励孩子积极思考，主动提出问题。在孩子的天性中，有一种求知的欲望。他们心中原本有着无数个"为什么"，想了解这个奇妙世界的本来面目。而成人习以为常的姿态和不以为然的态度，会逐渐地扼杀孩子的这种求知冲动。因此，父母如果能够有意识地引导孩子，保护好孩子的好奇心，鼓励孩子积极思考，对孩子的提问努力表现出自己的兴趣，与孩子一起去思考，去寻求未知的答案，孩子提出问题的欲望就会不断增强。

3. 训练孩子的发散思维

我们经常碰到以下两类问题：一类问题，就像课本上的习题——提出的问题很明确，要求我们运用已经学过的某些知识，针对问题"聚会思维"；而这个问题的正确答案往往是唯一的，这就像我们回答"1+1"只能等于2，等于别的就意味着错误。另一类问题，就是可能有多种答案的问题——有时问题在开始时并不十分明确。其实我们日常生活中遇到的大量问题都是属于这种类型。解决这类问题，除了要努力明确问题外，还要打破平时习惯想法的束缚，将自己的思想从不同途径、不同角度扩散开去考虑问题，这叫"发散思维"；而这个问题的答案，往往是很多个创造性的设想，并且不能绝对地说哪个设想最好，只能根据实际的情况，评定某个设想更为合适。

比如"回形针有什么用"这样一个问题，有兴趣的话，您可以先考考自己的小孩。发散性思维要求一题多解，供参考的答案有：回形针除了可以用来别住纸张外，还可以有以下的用途：可以让回形针利用衬衣口袋，别住"服务员"或"小队长"等标志；可以用它代替发夹，夹住散乱的头发；也可代替领带夹子；假如有很多回形针的话，可以把它们连接起来，成为链条；可以把回形针的一头拉开，代替牙签，剔除牙缝中的食物残渣（当然最好不要这么做）；同样可用它剔除地板、桌子缝和指甲缝里的脏东西，等等。必要时，可以把整个回形针拉直，当作鞋带使用——把它穿过鞋带孔扭结起来；把回形针缝在窗帘布上端，代替窗帘圈；可将它别在纸模型飞机的头部，做重锤用，等等。

最初的萌芽

伟大的科学家爱因斯坦说过"兴趣是最好的老师"。兴趣是孩子学习、进行创造活动的内在动力。孩子对事物有了浓厚的兴趣，就会全身心地、主动地去探索，去求知，并在学习上产生莫大的愉悦和积极的情感，从而不断进行新的尝试、新的探索。

因此，培养孩子的创新意识，首要的是培养孩子具有创新的头脑，为孩子创设有利于发展创新能力的条件、情境和场所，并时刻注意对孩子进行创新兴趣培养，尊重孩子的兴趣爱好，给他们自由选择的机会，让他们大胆想象，勇于创新。

当有人问爱因斯坦为什么会有那么多创造时，他说："我没有什么特别的才能，只不过喜欢刨根问底罢了。"积极探究是创新意识的先导，所以要保护孩子的探索欲望，积极引导并支持孩子的探究行为，以孩子的探究行为为起点，激发他们的创新意识，培养他们的创新能力。

罗杰出生于一个有特权有教养的家族，如果说罗杰家族的血统是蓝色的（指贵族血统），那正是记账墨水的颜色，资本家和企业家精神渗入了这个家族。

罗杰的父亲是一位医生的儿子，他在第一次世界大战后来到美国俄亥俄州的哥伦布市。他从战场上回来时，带着一口袋法国法郎。他从一家银行跋涉到另一家银行，试图兑换那些钱币，但在哥伦布市竟没有一家能够兑换。因此罗杰的父亲和一家银行谈妥，让他在里面开设一个兑换外币的窗口。1921年，年轻的生意人和一位女教师贝丝结婚。不久，他们建立了自己的家庭和一家属于自己的银行。罗杰生于1925年7月12日，在家排行第二。

罗杰5岁时，赶上大萧条时代，他们家关闭了家庭银行，迁到了密执安州。罗杰的父亲当上了彭迪管道公司的副董事长，并拥有部分股份。后来，他还筹建了自己的公司，叫作阿加洛埃金属管道公司。

罗杰的父亲有两种基本素质：一是强烈的商业意识，二是发明的才能。他曾经获得过管道工业方面的几项专利。罗杰说："父亲相信我们能比他做得更好。他常常教导我们，要成为有创造性的人。他常把一些东西带回家，放在厨房桌子中央，然后给我们出题目。有次他出的题目是怎样把一些菠菜叶子包装起来而不致损坏。我们每个人都必须仔细去想想，想出一个创造性的解决办法。"

罗杰的父亲还常常在家里搞些冒险的把戏。他会在一个星期六早晨吹起铜喇叭，当孩子们准备好以后，他吩咐准备行装，立刻出发去旅行。

孩子们问："我们上哪里去？"

他回答说："跟着走。"

于是，他们就去进行一次典型的有教育意义的探险。罗杰和兄妹们很崇拜他们的父亲，认为他是一位少有的人。父亲甘愿为教育孩子花费很多时间和精力，正像他对事业一样认真。

父亲和母亲像精神导师那样，力求把每个活动都变成某种教育孩子的机会。他们要求孩子必须学会使用一种乐器，罗杰在音乐上是天赋最差的，但父亲却坚持让他练习，而且他们每个星期天下午都开音乐会。

冬天，罗杰家将去佛罗里达小歇，而整个夏天则去密执安北部，以便躲避城市的干草热症和小儿麻痹症。他们经常旅行，孩子们要带上课本，并在汽车中阅读。孩子们的身体比较虚弱，常常生病，但即使在病床边，母亲仍会把别的孩子集合在一起，轮流读一些青少年冒险的故事给生病的孩子听。就是在浴室里，也挂上一块黑板，每周安排 5 个新词，要孩子们在周末前背熟。对学习成绩优良的孩子，给予金钱鼓励；如果得一次 A 等，给一枚银币；得一次 B 等，给一枚镍币；如果达不到 B 等，就要受到训斥。所以，他们家的孩子都是优等生。

在当时被经济大萧条折磨的底特律，用任何尺度衡量，罗杰家也是富裕的。但父母并不娇纵孩子，从小就让他们工作。这个准则是不容侵犯的，每个孩子都必须出去打短工，自己挣钱。罗杰是《星期日新闻报》的报童。在家里也一样，虽然有一位黑人保姆照顾他们，但他们必须自己洗盘子，自己铺床，并且要像对待自己双亲那样，接受保姆的指导。

父亲的教导之一是要孩子们珍惜时间，"不做任何无用的动作"是家庭的训谕。在这样的家庭里，孩子们亲密无间。虽然父母鼓励竞争，但还是充满团结意识。罗杰在这个集体中和谐地生活着，他从来不是一个叛逆者，而且常常调解兄弟的争端。

罗杰先就读于里盖脱大学，这是一所预备学校。课余时间，他常常和哥哥一起干活，主要是送报。

和他父亲一样，罗杰天生对机械有极大的兴趣。他在 16 岁那年，曾把他的第一辆小汽车全部拆开，又装配成原样。罗杰说，他没漏掉一个零件。他在大学里最喜欢的课程是汽车机械学，但他在商业方面表现出了更大的才能。罗杰的姐姐说："他是个地道的商人，如果他借给你10美分，也会向你讨取利息。"罗杰生来有数学头脑，升入密执安大学时，他学习了微积分。他在听课前总是先调查每位教授的教学情况和资历，然后才决定听谁的课，以避免浪费宝贵的时间。

在进入密执安大学专攻商业学时，罗杰并不知道，他已沿着通用公司董事长的传统道路前进。事实上，他的教师中有些就是以往通用公司董事长的老师。罗杰毕业时成绩在班上是第一名，取得了会计学士和企业管理硕士的学位。

罗杰大学毕业后先在加州一家航空工业部门工作，但不久就离开了。他之所以到了通用公司工作，仅仅是因为他父亲的一句话："这是一家管理良好的公司。"有人问罗杰，谁对他的事业成功影响最大。他并没有像其他政治上聪明的人那样，回答说是通用公司的某位启蒙者，而总是回答："我的父亲。"

罗杰初次去通用公司应聘时，只有一个职位空缺。他信心十足地对接见他的人说："工作再棘手我也能胜任，不信我干给你们看。"后来接见他的人告诉同事说："我刚才雇到一个人，他认为他将成为通用公司的董事长。"

罗杰踏进通用公司大门后，的确表现出了不可思议的能力。领导交给他一项任务：对国外子公司情况进行评估。他提供的报告长达100多页，因而得到了上司的赏识。罗杰上大学时的教授大卫也在通用公司工作，谈到罗杰时，他说："他是一个冷酷的家伙，在这世界上，他只关心他手中的公文箱。"

著名教育家陶行知先生曾呼吁要解放孩子的头脑，解放孩子的双手，让他们自己动脑去想，动手去做。孩子自己动手动脑，对培养创新意识大有益处。家长要鼓励孩子多提问题，能提出问题说明孩子在动脑筋思考，好问题说明孩子有强烈的求知欲和探索精神，所以要予以鼓励。对孩子提出的问题，家长也不必每问必答，有些问题应启发孩子动脑思考，让他自己寻找答案。

由于孩子的自身特点，他们的探究行为常有明显的兴趣性，甚至表现为某种"破坏性"。除了一些让人感到好笑的行为外，孩子们还经常为了弄明白钟表为什么会走，收音机里为什么有人说话等问题，而大胆地拆卸、摆弄所有的零件。

面对孩子类似的探究行为，家长不能简单地训斥，而是要了解他们这样做的原因，并为他们提供充分的条件来实现他们的探究活动，满足他们强烈的探究愿望。

美丽的大自然给人类增添了丰富多彩的生活，同时它也是诱发孩子智力开发的外部刺激。这种画境式的环境刺激，对儿童的智力开发具有很强的推动作用，有助于培养孩子的观察力、想象力与探索兴趣。

因此，家长应经常带孩子走进大自然，引导孩子观察花鸟虫鱼，了解动植物的生长与变化，欣赏大自然美景，探索大自然的奥秘。这些都是培养孩子创新意识的基础。

想象力是创造的翅膀

我们常见到这样的父母，自以为是地拿下面的问题来考孩子："树上有5只鸟，猎人开枪打死1只，还有几只？"讲完之后，就焦急地等待孩子说出"一个也没有了，因为都被吓跑了"。他们认为有想象力的孩子就应该这么回答。

而有的孩子却说："还有3只，因为树上的5只鸟是一家人，有鸟爸爸、鸟妈妈和3只不会飞的鸟宝宝。猎人打死了鸟爸爸，吓跑了鸟妈妈，还剩下 3 只不会飞的鸟宝宝。它们多可怜啊！"

孩子的回答合情合理，表现了与众不同的想象力和质朴、善良的童心以及蕴藏在内心深处的人文精神。

每个孩子天生都有强烈的好奇心和大胆的想象力，常做出一些"惊人"的发现。但是，很多孩子随着年龄的增大，慢慢表现出成人化的思维定势，失去了以往丰富多彩的想象力。有一种叫作"四年级消沉症"的现象向我们敲响了警钟：四年级前的孩子敢于大胆想象，表达自己对未来世界的独特看法，但之后却逐步表现出成人化的思维定势。

在这个过程中，想象力的翅膀还没有张开就已经蜕化了，而成人常常充当了"刽子手"的角色。我们身边有千万个"小高斯""小爱迪生"在成长，他们能否成长为真正的创造性人才，关键在于父母、教师是否独具慧眼，能否为孩子们打开想象之门，让他们张开想象的翅膀。

想象力是创造的翅膀，没有想象就没有创造。对于孩子来说，想象比知识更重要，它对孩子一生创造力的发展有重要意义。因此，家长应尽量发掘孩子进行活动的想象功能，促发想象。对于孩子富有想象力的图画、凭自己想象拼搭的东西、自编的故事，等等，都应该给予肯定和赞赏。

皮尔卡丹在格勒诺布尔度过了他的童年。童年生活对皮尔卡丹来说虽然没有太多的欢笑和富裕，但仍然充满了家庭的温暖和生活的乐趣。他不能忘记曾同小伙伴们一起，在广阔无垠的草地上纵情欢悦，忘不了因不小心打碎了花瓶而受到母亲的责难，更忘不了父亲每每进门时疲惫的身躯。每当夜晚来临，老卡丹在一旁默默沉思时，小卡丹总是依偎在母亲的怀里，望着窗外繁星闪烁的天空，听着母亲轻柔的歌谣，慢慢睡去。

就在这时，小卡丹做出了一件非比寻常的事情。这件事情使皮尔卡丹开始走上了一个新的历程，就像牛顿观看苹果落地一样，虽是偶然，但是这种偶然却改变了他们一生的命运，使他们从一个默默无闻的穷人逐渐变成了全球家喻户晓的伟人。

一个阳光明媚的夏日，7岁的小卡丹趴在绿草如茵的草坪上，双手支撑着他那个充满了奇思异想的小脑袋，一对略带忧郁的眼睛时而久久地望着远方，时而又漫无目标地顾盼着。

突然，一个衣着华丽的小女孩走进了他的眼帘。小女孩手里拿着一个十分漂亮的布娃娃。

小卡丹被那个可爱的金发娃娃所吸引，不由自主地爬起来，走到那个小女孩身边，一双小眼睛总是不停地打量那个布娃娃。

正当他看得入神时，那小女孩却生气地随手将布娃娃扔到草地上，噘着小嘴自言自语："我讨厌你，你的裙子太难看了！"

说完，她转身宛若一缕轻烟似地飘走了。

小卡丹被小女孩的举动惊呆了，他小心翼翼地把布娃娃捡起来，仔细地端详着：的确，那裙子的颜色太单调乏味了，要是能给它换上一条新的裙子一定会变得很美。

小卡丹怜爱地将布娃娃抱在自己的怀里，希望它的小主人会回心转意将它领回去。他一面耐心地等待，一面幻想着将布娃娃的裙子变成像鲜花一样绚丽多彩。

暮色降临时，小卡丹抱着布娃娃回到了自己那贫穷而温暖的家里。

"卡丹，你怎么把人家的东西拿回来了？"母亲厉声问道。

小卡丹连忙将实情向妈妈说明，并且还一再表示，一定要给布娃娃换上一条漂亮的裙子，再将它归还原主。

晚饭后，小卡丹从母亲缝补针线的篮子里找来了碎布和针线，在昏暗的油灯旁，精心为布娃娃缝制小裙子。好几次针尖将他的小手扎出了血，他也浑然不觉。他缝了又拆，拆了又缝，直到满意为止。布娃娃终于配上了一条漂亮的小裙子。

第二天早上，小卡丹就抱着装扮一新的布娃娃来到那块草坪上，等待着它的小主人。

等啊等啊，始终不见那女孩出现，小卡丹想，她会喜欢我的这个布娃娃吗？她还会像先前那么生气吗？

他等啊等啊，等到暮色降临。终于，那位小女孩出现了，手里还抱着一个新买的布娃娃。当她碰见卡丹时，不禁惊讶地叫道："啊，你的布娃娃是从哪买的？"

"没有啊！这还是你原来的那个。"小卡丹答道。

"我不信，我的那个又破又丑，难看极了，哪有你的这么漂亮！"小女孩说道。

"我只不过给布娃娃缝了一条新的裙子。"

"真的？"小女孩惊讶地说道。

"我怎么会骗你呢？"小卡丹说道。

"啊！多么漂亮的裙子啊！"

听了小女孩的赞叹声，小卡丹心花怒放。小女孩拿着小卡丹的布娃娃依依不舍。

她最后要求将自己的新布娃娃与小卡丹交换，小卡丹看着自己的布娃娃，他真舍不得将手中的布娃娃还给小女孩。但是，他耳边反复回荡着母亲的教诲，还是将布娃娃还给了她。

没想到，这条小花裙竟决定了他今后的人生道路。

这条小花裙成了皮尔卡丹生平设计的第一件裙子。

颜料、胶水、蜡笔、小黑板……很多日常不起眼的东西可以是辅助儿童发展他们的想象力的至关重要的工具。可能你经常看见自己的孩子涂鸦，在他们自己的粘贴本上乱贴图片，或是煞有介事地写些没头没脑的东西。研究儿童心理学的作家苏珊斯多莱克说，这些都是儿童试图在表达自己的方式，这些看起来平平常常的举动对他们未来的创造力的发展至关重要。

可能没有几个孩子可以从涂鸦开始变成毕加索，但是如果给他们充分的机会去创造，他们可能会变成作家、发明家、企业家。

弗基尼亚大学的教育学教授卡洛琳凯莱汉说："创造力的秘密的一部分是在于数量，如果你研究2000个最有成就的思想家，你会发现他们都创造了惊人数目的主意。爱迪生申请了1000多项专利产品。有创造力的大脑不知道什么叫失败，爱迪生在发明灯泡之前失败了9000多次。有创造力的儿童就是那个不断思考又一种表达方法的人。"

有创造力的孩子可能爱玩文字游戏，喜欢给一个老掉牙的故事编造不同的结尾，自己创作歌曲。但是，最有创造力的思想家不一定是最好的学生。

父母怎样培养孩子的想象能力呢？可以从如下几点着手：

1. 大量观察

人的想象总是以自己头脑中的形象为基础的。头脑里的形象是哪来的？通过广泛接触事物，想象会丰富、开阔而深刻。反之，孤陋寡闻，头脑中形象单调且稀少，想象自然狭窄，肤浅。因此，父母要从孩子幼小的时候起，尽可能地多让孩子感知客观事物，并引导孩子全面、仔细而且深刻地观察，以便孩子头脑中积累大量的、真实的事物形象。

2. 让孩子多听故事

多听故事，就是通过语言的描述使孩子在头脑中进行再造想象。

因此，父母要让孩子经常听广播中的评书连播、电影录音剪辑、相声等节目，还要抽空多给孩子讲故事。同时，还要启发孩子自己多讲故事。开始可以复述故事，渐渐自编故事，这对发展孩子的创造想象是有益的。

3. 大量阅读

如果孩子能够自己看书，这对他想象能力的发展就有利了。因为靠听别人讲故事，总归有局限，如果自己通过视觉来阅读，就可以经常主动地进行再造想象。所以，只要孩子达到一定的识字量，就要及早指导孩子阅读，而且还要多给孩子买些书，为孩子大量阅读提供条件。

4. 绘画和写作

从小教孩子画画，有助于发展他的观察力，也有利于想象能力的培养。因为无论画什么，总是先想象而后才画出来的。即使三四岁的孩子，有时画个东西看着像啥就像啥，但这培养了他的想象能力。至于认识了一定数量的文字之后进行写作，也是培养孩子想象能力的好办法。因为要通过文字写清楚一件事，没有反复认真的想象是不可能的。

5. 多实践

常言说，"实践出真知"。对孩子来说也是如此。经常让孩子完成一些力所能及的任务，支持孩子多做一些自己喜欢做的游戏，让孩子适当看看电视和电影……这些都有助于孩子积累经验，启发其想象力。

6. 丰富语言

尽管孩子的头脑里有丰富的形象，但是如果没有丰富的语言，也难以形成丰富的想象。所以，语言表达能力的增强对提高想象力十分关键。

发现孩子的天赋

教育学家研究证实，一些孩子在 5 岁时会在某一方面表现出一种特殊的敏感和强烈的好奇。这时候，父母如果敏锐地及时捕捉住，很可能就能创造出一个天才。

被称为"钢琴诗人"的肖邦，其父母都是音乐爱好者。肖邦自幼就受双亲的影响，对音乐特别感兴趣。开始，父母并不想让肖邦去学音乐。但看到小肖邦听不到音乐就哭，刚 4 岁就要姐姐教他弹钢琴时，父母意识到这孩子有音乐的天赋。因此，在肖邦 4 岁时，父母就让他正式从师学习钢琴。小肖邦学得很快，很投入，成了一名音乐神童。19 岁的肖邦就因创作了《钢琴协奏曲》而一鸣惊人。

倘若每一个做父母的都能像肖邦的父母那样，迅速及时地捕捉住孩子的天赋，顺势引导，就能为孩子成才打开通道。

因此，做家长的要善于从孩子平时的语言、动作、眼神或所提出的问题中捕捉敏感区，以帮助孩子找到成才之路。

称威廉利尔为天之骄子并不过分，他的一生既辉煌又具有传奇色彩，他是航空界和电子界伟大的发明家，同时也是拥有亿万家产的实业巨子。他的财富来自于他不断地发明和无休无止地尝试，还有他无所畏惧的冒险精神。他一生所做的事大部分是成功的。

美国政府官员中有人说："如果有一天，利尔的汽车公司成为通用汽车公司的竞争对手，我绝不会感到惊讶。"凡是了解利尔的人都相信，他是个能够创造奇迹的人。

威廉利尔只受过小学教育，但他从小对机器就有一种特殊的兴趣，喜欢摆弄，喜欢拆开来研究。20 世纪初，他在芝加哥读书时，学习并不太好，经常上课时间溜出去，骑着辆自行车到处闲逛。看见路边有汽车抛锚，他就会凑上去帮忙。大部分汽车故障都出在电气系统上，经常是配电盘上的炭刷子坏了，遇到这种情况，他就从口袋里掏出一支从旧电池上拆下来的炭芯，锯下一小截来，给人家换上。

小学毕业后，因家境困难，利尔不再读书，在一家汽车修理行找了个周薪 6 美元的工作。但他没干多久，又改去芝加哥飞机场给机械工做帮手。干这份活没有报酬，不过他有兴趣，这样他就有机会坐飞机。不料第一次跟机飞行就出了事故，摔了个头破血流，留下一脸疤痕。

后来，他又当了一名无线电修理员。当时无线电还处于刚刚起步的阶段，一般美国家庭还没有收音机。干了几年后，他基本上可以算是一个专家了。有一天，他萌发了利用强力扬声器生产一种新型收音机的构想，这个想法在与公司领导沟通后，被采纳了。之后这家公司生产出上百万台"皇威"牌收音机，并普及于美国的家庭。

不久后，利尔又发明了一种体积很小的无线电线圈；接着，他又做出一种可以利用汽车电瓶的电源，安置在汽车上的收音机。他把这个专利卖给一家公司，得到一笔不菲的收入。

1933 年，利尔和几个朋友合伙到纽约成立了一家公司，从事飞机用无线电的研究和生产。然而，开业不久就遇到许多困难，关键是资金的问题。利尔在纽约举目无亲，他知道银行绝不会贷款给他，怎么办呢？惟一可靠的是自己的智慧。他想出一种可以用简便的方法生产多波段无线电的办法，并将这个构想顺利地以 25 万美元的价格卖给了 RCA 公司，从而渡过了难关。

创造发明是威廉利尔成功的首要因素。利尔一生的事业中，创造发明和技术革新是主要内容，经营是其次。他主持过几十种有关电子和航空方面的重大革新，拥有上百种产品的专利权。这些发明和革新也给他带来了巨大的财富。他的公司每年营业额达 1 个亿以上。年过70 以后，在他身上还看不到一点衰老的迹象，他仍像当初创业时那样，不断有创新和发明，而且追求尽善尽美。

科学研究表明，孩子出生后，就具有许多方面的天赋。首先，作为家长，我们要了解孩子的天赋类型：

1. 音乐天赋

孩子在唱歌时音阶很准，音色甜美无假声；平常喜欢听各种乐器演奏，并能通过音乐辨别出有哪几种乐器；日常生活中能对声响和音乐发表议论。

2. 逻辑天赋

孩子能经常提出诸如"时间是什么时候开始的"之类的问题，平常善于划分人、事、物的种类和顺序，对家长的经济分配参与某些意见，对自己的零花钱安排得颇为妥善。

3. 认识自我的天赋

孩子善于把自己的言行与情感联系起来，对于别人将去做的事情能做出预感性的评议，对自己干的事情有准确的评判。

4. 认识他人的天赋

孩子能注意父母或周围人的情感变化，并对此表示支持或劝慰；喜欢模仿别人在生活中的言行。

每个家长不妨注意一下自己孩子具备上述哪种天赋。如果孩子具有上述某种天赋，你就要顺势引导，为孩子的日后成才创造条件。

当你捕捉到孩子的天赋，接下去就是如何设计教育培养孩子的方案：要充分考虑孩子的天赋、爱好和主客观条件，不要"牛不喝水强按头"，也不要不顾条件是否可行，盲目地进行自我设计。

同时，这里还有一个培养方向和目标的问题——是准备向专业发展，还是作为一种兴趣培养。

为孩子设计了方案，下一步就是如何坚持下去。许多成功者，正是父母坚持培养的结果。半途而废，不仅前功尽弃，而且还会使孩子养成许多不好的习惯。

发现孩子天赋的20项测试

如何鉴别自己的孩子是超智儿童呢？在美国康涅狄州耶鲁大学任教的罗伯特斯腾伯格博士致力于研究一种"多方面"的测验。这种测验综合考虑到了孩子的多方面才能，他认为如果你的孩子4岁以内具有以下大部分情况，那么恭喜你，你的孩子有可能是超智儿童。

1. 善于记忆诗歌和富有情趣的电视中的台词。

2. 很少迷路——尤其是女孩。

3. 能注意到别人情绪的各种变化。

4. 经常问像"这件事是什么时候开始的"之类的话。

5. 动作协调优雅。

6. 能很好地按曲调唱歌。

7. 经常问像"为什么会雷鸣、闪电、下雨"等自然界的问题。

8. 你改变了讲述故事时常用的一个词时，他会纠正你。

9. 学习系鞋带、穿袜、骑自行车很快，且不费力。

10. 喜欢扮演角色编故事，且演得、编得很像样。

11. 乘车的时候会说，"去年冬天奶奶带我来过这地方"。

12 爱听不同的乐器演奏，并能根据音色讲出乐器名称。

13. 擅长绘地图、画物体。

14. 喜好模仿各种表情和各种体育动作。

15. 按规格、颜色收藏玩具。

16. 善于表达做某件事的感受，如"这样做我很高兴"。

17. 很会讲故事。

18. 喜欢评论各种声音。

19. 与某生人见面时会说出"他使我想起了小明爸爸的样子"之类的话。

20. 能准确地说出他能干什么，不能干什么。

如果你的孩子表现出如上情形的话，他可能已显露出出色的能力和才华。反映其能力和才华的具体对应如下：

语言能力——1、8、17；

音乐能力——6、12、18；

逻辑 - 数学能力——4、7、15；

空间想象能力——2、11、13；

身体运动能力——5、9、14；

内省（了解自己）的能力——10、16、20；

人际交往（了解他人）的能力——3、10、19。

天赋不可造就，却能发掘

中国曾有一句古话："千里马常有，而伯乐不常有。"其实每一个孩子都可能成为一匹千里马，而每一个父母就是相马的伯乐，只有了解自己孩子的兴趣、特点，才能引导他们向相应的方向发展，成为一匹真正的千里马。

全世界的少年儿童和他们的父母，几乎无人不知米老鼠和唐老鸭。这两个生动活泼的形象是美国人沃尔特迪斯尼创造的。这个穷人出身的孩子，凭着天才的头脑、勤奋的劳动和不懈的努力，不仅创造出了一系列卡通艺术形象，而且创造出了迪斯尼乐园，一个价值数十亿美元的娱乐世界。

1901 年 12 月 5 日，做生意和搞经营都不顺利的伊利亚斯迪斯尼迎来了他的第四个儿子。这个儿子生得比前几个儿子都漂亮，端庄的脸、俏皮的鼻子、明亮的眼睛都那么招人喜爱。他给这个儿子取名为沃尔特迪斯尼。

这个乖巧的孩子的出世，给他的母亲和几个哥哥带来了欢乐，但却没有给他的父亲带来好运和乐趣。伊利亚斯是个不走运的人，自从结婚以来，他办农场，不是收成不好，就是产品卖不出去；开旅馆，正赶上旅游业萧条；种植桔树，却赶上寒流，把桔子都冻坏了；想搞建筑业，并高高兴兴地盖起了房子，但建筑业不景气的时代又到来了。当他的第四个儿子出生时，这个不走运的人，刚好关闭了他的建筑公司，改当一名木工，工资收入为每天 1 元钱。总是不走运的经历，使他情绪低落，脾气暴躁，性情专制。他对孩子的管教，除了训斥，就是打骂。

沃尔特在农场广阔的田野上一天天长大。他热爱这田园风光，经常到各处游玩，寻求新鲜事物。他对树林中的各种树木都充满了兴趣，而对于各种动物更是感觉好奇。童年的沃尔特，已经学会了观察。他很欣赏树林里兔子、狐狸、松鼠、浣熊们自由戏耍的动作，也喜欢乌鸦、鹰、啄木鸟、云雀、燕子等鸟类的鸣叫与飞翔。童年的这些观察，为他后来的卡通创作提供了丰富的素材。

后来，他们举家迁到了堪萨斯市。他的父亲找了一份卖报的工作。

由于要维持生计，沃尔特和妹妹不得不帮着父亲送报。

年仅 7 岁的沃尔特，每天早晨 3 点半就要起床去领当天的报纸，然后上午和下午都要用大量的时间去完成送报任务。这个 7 岁的孩子每天要走几十公里路，才能把报纸送完。有时候他实在太困了，就躺在送报大楼的一个角落里睡一觉。

繁重的劳动，艰苦的生活，没有泯灭沃尔特欢乐的天性和绘画的爱好：父亲不在场时，他一张口就开玩笑；在繁重的劳动和紧张的学习之余，只要一有工夫，他就画自己想画的东西。

他很喜欢自己的小妹妹。在堪萨斯居住时，妹妹得了麻疹，发着高烧。为了帮助妹妹减轻痛苦，沃尔特一有空就陪着妹妹玩，不是给妹妹讲笑话，就是给妹妹画漫画。他花了一番工夫，动了许多脑筋，为妹妹绘制了一套能够翻动的组画。这无疑是他制作卡通画的思想萌芽。

沃尔特迪斯尼是很让妈妈喜欢的孩子，因此，也深受妈妈的重视。他的妈妈虽然出身于普通劳动者家庭，但对孩子的教育却很重视。当小沃尔特到了上学的年龄，她及时地把孩子送入了学校。尽管丈夫害怕花钱，可是，在孩子上学问题上，他也提不出反对意见。他的条件是：只要不耽误送报纸就行了。

从农场迁入堪萨斯市之后，快满 9 岁的沃尔特进了本市的本顿学校。这是一所 8 年制的学校。沃尔特入学时，年龄算是较大的。可是，沃尔特在班里学习一直不好。爱子如命的妈妈对沃尔特的学习状况不满意，就亲自给他辅导。然而，效果并不明显。这位母亲就到学校找老师，询问如何才能让自己的儿子提高学习成绩。

"有什么办法让这孩子学习好一点呢？"沃尔特的母亲真诚地向老师请教。

"没有办法，他连学校的进度都跟不上。"老师很肯定地回答。

母亲从学校回来时很失望，她多么希望自己喜欢的这个儿子，不要像他的父亲和3个哥哥那样，一生只靠卖苦力为生；要是好好读书，将来考上大学，当个律师、医生那该多好。她真为儿子遗憾，但也没过多地干预儿子，更不会因为他的学习成绩不好而对儿子进行惩罚。

当她意识到孩子的兴趣不在学习，而在绘画上时，她就把儿子叫到身边，语重心长地对他说："儿子，你喜欢绘画而不喜欢学习，妈妈不怪你。我希望你能不断地努力下去，成为一名画家，而不只是一时的兴趣，结果一无所成。"妈妈的这番话深深地鼓舞了沃尔特，他暗暗下决心，将来一定要干成一番大事业，绝不辜负妈妈的期望。

居里夫人对女儿的家教观念是：天赋不可造就，却能发掘。早在女儿咿呀学语时，居里夫人就开始对她俩进行探索性的发掘。女儿刚上小学，居里夫人便让她俩每天放学后在家里进行一小时智力活动，以便进一步发掘其天赋。当她们进入赛维尼埃中学后，居里夫人让女儿每天再补一节"特殊教育课"——在索尔本的实验室里，由让佩韩给伊雷娜和艾芙教化学，保罗朗之万教数学，沙瓦纳夫人教文学和历史，雕塑家马格鲁教雕塑和绘画，穆勒教授教4门外语和自然科学，而每星期四下午在巴黎市理化学校里，由居里夫人教女儿物理学。

经过两年"特殊教育课"的观察鉴别后，她发现：大女儿伊雷娜性格文静、朴实、专注和自然，着迷于物理和化学，明确自己的使命是要当科学家并研究镭，这些正是科学家所具备的素质；小女儿艾芙性格活跃，充满梦幻，情绪多变，居里夫人先培养她学医，再引导她研究镭，又激励她从事自然科学，可她对科学不感兴趣——艾芙的天赋是文艺。

正是运用这种发掘孩子天赋的家教，居里夫人最终使大女儿伊雷娜居里因"新放射性元素的合成"于1993年荣获诺贝尔化学奖，也使小女儿艾芙居里成为一位优秀的音乐教育家和人物传记作家。

没有一个孩子是全能，也没有一个孩子是无能。可以说每个孩子都有自己的特殊才能，关键是家长怎么去发现。建议可以这样做：

1.真正了解孩子

观察孩子的兴趣，而不是强加给他。家长要长时间接近孩子，看他是喜爱运动，还是音乐，然后进行培养。

2.适当引导孩子

有的孩子，天赋隐藏得比较深，家长不可能轻易发现。这就需要适当地引导，如给孩子一件小乐器，看他是否有音乐才能。

"破坏大王"

时常听到家长诉苦，这个孩子在家里"不成器"，专搞小破坏：墙纸被挖掉，电视机、录像机的开关被扭坏，买来的玩具都被拆散，弄得缺胳膊少腿，连小闹钟的盖也要撬开，真拿他没有办法，简直就是一个"破坏大王"！确实，许多孩子喜欢动手去改变环境，动手去拆散东西，这正说明他们对此产生了好奇心理，从小就具有探索性思维和求异性思维。

从某种意义上说，没有好奇心，就没有创新，作为家长必须保护和培养孩子的好奇心。孩子的小破坏并非真坏，而是真好！这样的孩子并非"不成器"，而是将"成大器"。

在美国建国 200 周年庆典之际，汽车大王亨利福特及其创办的汽车公司，在一项评选"美国独立百年 20 件大事"的民意测验中，被评为第十件大事，与"阿波罗"飞船宇航员登上月球、原子弹爆炸成功等相提并论，为世人所瞩目。

可鲜为人知的是，这位汽车之父于 1896 年亲手制造的第一辆汽车，竟是装有 4 只自行车轮子、凭借链条传动、没有刹车、只能进不能退的"怪物"。然而，福特汽车王国的崛起正是从这里开始的。

1863 年 7 月 3 日清晨，亨利福特出生于美国底特律南郊迪尔本镇的一个富裕农民家庭。祖父是从爱尔兰来美国定居的早期移民。

福特虽是个农民子弟，却对扛铁锹、锄头下地干活、挤牛奶、养马等农活自小就很厌恶。与此相反，他对摆弄机械兴趣极浓。年仅 7 岁，他就是轰动全镇的天才少年技师了。

他对"滴滴答答"走个不停的钟表特别好奇，总爱拆开来探个究竟。家中几乎所有的钟表都被他拆得七零八落。因此，家里人只要看见小福特回来，便立刻慌慌张张地把那些手表藏起来。

小福特在自己房间的床头柜里藏了 7 种"秘密武器"：钻孔机、锉刀、铁锤、铆钉、锯子、螺栓和螺丝帽。锉刀是用捡来的铁片切割而成的，钻孔机则是用从母亲那儿偷来的棒针改造的。7 岁的小孩将这些工具收集得如此完备，简直令人惊叹。

福特的兴趣并不只限于钟表，新的农具一到家里也会被他拆得支离破碎。后来，他的兴趣又扩展到机器制造。

在一个北风呼啸的冬日，小福特跟随父亲到 8 英里以外的底特律去。在底特律火车站，他第一次看到了火车头。他立刻被这个大怪物迷住了，恳求列车长允许他进入火车头看看。那位好心的列车长爽快地满足了他的要求，并为他开动了车头。他坐在驾驶台上，把汽笛拉得"呜呜"作响。

回到家里，他兴奋得整夜没睡好觉。第二天一早，他瞒过母亲，从厨房里偷来两把水壶，在其中一把里面放满烧红的煤炭，另一把壶里装上烧开的开水，然后从贮藏室里取出雪橇，把两个水壶放在雪橇上。

"火车头来了！"他一边向小伙伴们叫着，一边在地上滑动着雪橇。

自制的"小火车头"成功了，他沉浸在无比的欢乐之中。

后来，他又在学校做蒸汽旋转引擎的实验。他与小伙伴们把引擎安置在学校篱笆下，蒸汽使它能每分钟转 3000 转，速度非常快。正当他们全神贯注做实验时，不料引擎爆炸了，铜片、玻璃和铁片四处乱飞。碎片割伤了他的嘴唇。他的一位朋友也被碎片击伤了腹部。此外，篱笆也被炸得着火燃烧。后来，由父亲负责把篱笆修好了事。对这件事，父亲倒没有丝毫责备，只是平静地说："亨利，以后做这种游戏要多加小心。"

小福特也没有因此气馁。他认为并非自己制造的蒸汽引擎不理想，而是不小心加煤过量的缘故。于是，他依旧继续做实验。他把自己的卧室当作小工厂，窗前的写字桌成了工作台。所有的玩具都是自己做，尤其是那些装有机械会动的玩具。弟弟妹妹一旦有了新玩具，都怕被他看见，否则就会被他拆掉。而母亲是一贯支持他的，称赞他是"天生的机械师"，给他提供工具，并不断地鼓励他。福特一生中所表现出的镇静沉着、不屈不挠的性格，与母亲的教育培养不无关系。

福特 12 岁那年春天，母亲突然病逝。但母亲的一句箴言却永远铭刻在福特的心里，成了他一生创业精神的宗旨："你必须去做生活给予的不愉快的事情，你可以怜悯别人，但你一定不能怜悯自己。"

也就是在那一年的夏天，发生了一件影响他一生的大事。7 月的一天，他随父亲坐马车到底特律去。一路上，马车和人力车川流不息。突然，他眼前出现了一个庞然大物，发出巨大的吼声。这是他生平第一次看到的用蒸汽推动、在马路上行走的车子。他惊讶得几乎跳起来。

由于道路狭窄，为了让马车通过，这辆蒸汽车停了下来。福特立刻跳下马车，仔细地观察起来。蒸汽车的铁制前轮很大，在战车般的履带上绕着粗铁链；前轮上方有一个大汽锅，喷发着蒸汽，由此而带动引擎；后轮很高，后面牵拉着载有水槽和煤炭的拖车，看起来就像

27

蒸汽火车头在平地上行走一样。他好奇地向驾驶员请教，态度和蔼的驾驶员不厌其烦地介绍车子的性能和操纵方法，并邀请福特去他家练习驾驶蒸汽车，他们成了一对好朋友。从此，亲手制造"利用引擎行走的车"成了他的梦想。

福特成才的事例说明，作为孩子的家长，一定要正确理解孩子的顽皮、淘气。除非一些很不正当的破坏行为，我们要及时给予制止外，要笃信"异想天开能出奇才"，"会拆会装能长智慧"，要容忍并鼓励孩子搞点"小破坏"。且不妨在家里给孩子提供一些能搞"小破坏"的材料，如报废的小闹钟、小手电筒、小半导体，能够拆卸拼装的小玩具以及小的木工工具等，这些都能给孩子以用武之地。

另外，如果条件允许，鼓励孩子拼装、制作各种航模，参加社会上各种类型的竞赛活动，也有利于培养孩子持久的兴趣，激发他们的创新思维，最大限度地开发孩子的创新潜能。

科学家曾研究发现，人的手可以做出几十亿种动作。它是意识的伟大培育者，是智慧的创造者。让我们开始培养孩子的动手习惯，让他们始终生活在积极向上、永不满足的环境中。

异想天开，也挺好

在人们的长期生活过程中，所有的物品都有其常规功能。例如传统观念认为，碗是盛饭用的，暖瓶是盛热水用的。如果我们变换一个视角去思考，就可发现碗还可当乐器，暖瓶还可放冰。这就是"发散思维"或"求异思维"。

如果在日常生活中形成了发散性的思维模式，孩子在学习知识时就不会盲目听信，解决问题时就会思路开阔，灵活自如。

思维能力是人的一种精神活动能力，是智力的核心。培养孩子开阔、灵活、敏捷的思维能力，对开拓孩子的智慧极为重要。

史蒂夫乔布斯是苹果公司创始人之一，美国 IT 行业的风云人物，1985 年获得了由里根总统授予的国家级技术勋章；1997 年成为《时代周刊》的封面人物；同年被评为最成功的管理者，是声名显赫的"计算机狂人"。

乔布斯曾经给年轻人这样几句金玉良言：带着责任感生活，尝试为这个世界带来点有意义的事情，为更高尚的事情做点贡献，这样你会发现生活更加有意义，生命不再枯燥，需要我们去做的事情很多；告诉其他人你的计划，不要鼓吹，也不要自以为是，更不能盲目狂热，那样只会把人们吓跑，当然，你也不要害怕成为榜样，要抓住出头的机会让人们知道你的所作所为。

乔布斯是个由养父母抚育大的孤儿。1955 年 2 月 24 日出生于旧金山。乔布斯小时淘气聪明，又好动。1961 年，担任汽车贷款业务员的老乔布斯，因工作需要，举家搬到地处硅谷的山景镇。

从此，乔布斯就生活在这个充斥着世界上最新科学技术与最先进的管理知识的环境之中，耳濡目染使他的性格很早就表现出硅谷人的特点——敢于创新，富于竞争和冒险精神。

刚满 10 岁的乔布斯迷上了一样东西：电子。这个小东西似乎对他有无限的吸引力。他家左邻右舍都是惠普电子公司的工程师，在周末休假时人人都手持烙铁与显示器在钻研。有一天，邻居赖瑞工程师带了一只原始的碳制麦克风回家，接上电池，挂上喇叭，就可以发出声音。这可把乔布斯给迷住了，一个劲地向赖瑞提问。赖瑞干脆把麦克风送给他，让他自己去仔细研究。此后，乔布斯每天晚上都泡在赖瑞家中，一点一滴地汲取有关电子的知识。

赖瑞见这小家伙聪明好学，就推荐他参加惠普公司的"发现者俱乐部"。这是个专门为年轻工程师举办的聚会，每星期二晚上在公司的餐厅中举行。就在一次聚会中，12岁的乔布斯第一次见到了电脑。那天晚上，俱乐部展示了一种新式桌上型电脑，让大家玩。乔布斯一边玩，一边想自己要有这么一台电脑该多好呀！这一梦想成了他日后在硅谷闯荡的强大动力。

在上初中时，乔布斯在一次同学聚会上，与比他年长5岁的沃兹尼克相识。沃兹尼克是学校电子俱乐部的会长，上小学时他制作的一组电脑周边设备曾获旧金山地区科学博览会一等奖，可以说是个天生的电子设计师。乔布斯与他一见如故，对他佩服得五体投地，从此两人成为好朋友。8年后，正是这对黄金搭档创办了苹果电脑公司。

刚上高中，乔布斯便经沃兹尼克介绍加入了学校电子俱乐部，成了一名"电子迷"。高二时，他利用课余时间到一家名为哈尔德克的电子商店打工。不久，他把各种电子零组件的价格都熟记在心中，成了一位电子零组件的定价专家。沃兹尼克经常到这家商店买电子零件，并亲手装配了第一部自创电脑。见到这部电脑，乔布斯惊讶得一句话也说不出来，更增添了几分对沃兹尼克的敬重与友谊。

1972年，年仅17岁的乔布斯考上了俄勒冈州的瑞德学院。大学毕业后，乔布斯又回到硅谷，在华纳利电子公司上班。这时，沃兹尼克在惠普公司担任桌上型电脑部门的工程师。两个老朋友又在硅谷会合了。

他们一起参加了"土产电脑俱乐部"。沃兹尼克工作之余，整天都埋头于设计新型电脑，而乔布斯则更多地想如何在电脑上赚点钱。他们有一个共同的愿望，就是拥有一台自己的电脑。当时，市场上的微型机要几千美元一台，他们买不起，只有自己装一台。就是这个强烈的愿望，使他们推出了价廉物美的个人电脑。

1976年初，在乔布斯积极鼓动下，两个年轻人决定成立自己的公司。乔布斯卖掉了福特汽车，沃兹尼克卖掉了心爱的惠普65型计算器，好不容易筹措到1300美元，这家小公司就在乔布斯的车库里开张了。时年乔布斯仅21岁，沃兹尼克26岁。

不难看出，培养孩子的发散思维对孩子创造力的提高是非常重要的，这里给家长一些方法：

1. 提高感知力和观察力

人的思维活动不是凭空产生的，而是在积累大量感知材料的基础上加工而成的。因此，应努力提高孩子的观察能力。不断地鼓励孩子去观察，去认识，去思考，去体会，这样可扩大孩子的印象范围，使之容易形成对事物正确的概括，以发展思维能力。

2. 启发孩子积极思考

要善于给孩子提出些小问题，让他积极运用已有的感知经验去独立思考和寻找答案。在孩子思考问题遇到困难时，家长可以启发孩子的思路。只有这样，才能真正有效地锻炼和提高孩子的思维能力。

3. 培养孩子的探索精神

孩子好奇心比较强，喜欢"打破沙锅问到底"，见到新鲜的东西就要摸一摸，问一问，拆一拆，装一装，这些都是孩子喜欢探究和有旺盛求知欲的表现。家长切不可随意禁止甚至恐吓他们，以免挫伤孩子思维的积极性。应当因势利导，鼓励孩子的探索精神，培养孩子从小爱科学、勤动手、肯钻研的好习惯，从而提高孩子的学习兴趣和思维能力。

让孩子畅所欲言。要鼓励孩子敢于发表自己的看法，哪怕是错误的也应让他说完，只是要适时而又恰当地给予指导。在民主平等的家庭关系下成长的孩子，思维比较活跃，分析问题也比较透彻，对某些问题也敢于提出自己的看法，不容易受暗示左右。

相反，在家长制气氛下成长的孩子，往往显得思维呆板，不敢畅所欲言，也提不出新的观点，而是习惯看家长的脸色行事，容易受家长的暗示而改变主意，或者动摇于各种见解之间，或者盲从附和，随大流，这就影响了思维独立性的发展。

心灵手巧

孩子自己动手动脑，对培养创新意识大有益处。家长要鼓励孩子多提问题：能提出问题说明孩子在动脑筋思考，好提问题说明孩子有强烈的求知欲和探索精神。对孩子提出的问题，家长也不必每问必答，有些问题应启发孩子动脑思考，让他自己寻找答案。

王永民是一个农民的儿子。他的父母都是目不识丁的贫苦农民。父亲从 10 岁起就四处奔波，为人家打柴，做零工。他心灵手巧，刻苦耐劳，不但会编筐织篓，砌房盖屋，而且能够不用车床造出真正的"汉阳造"步枪和"十连子"手枪，是个闻名乡里的"百事通"。

王永民的童年，是在家乡河南省南召县白河冲塞凹乡度过的。从能记事的时候起，他就不声不响地上山割草拾柴，帮妈妈烧火做饭，下地浇水捉虫，帮父亲种植庄稼。但他最喜欢的，还是钻进父亲的"车间"里，用父亲的各种工具做玩具，做"试验"。

王永民在这个家庭中培养出了两种最为可贵的品质：一是特别喜欢动手用脑，二是特别能吃苦。他相信一切要靠自己创造出来，他更相信自己能创造出一个崭新的世界！

1950 年秋天，村里的祠堂办起了个小学堂。每个学生的书本费只要交两斤玉米。王永民和小伙伴们都带着玉米去报名，可他一进校门就被老师骂回去了——一年中有半年光屁股的王永民，连裤子都没有穿！妈妈只好临时为他缝了一条小裤子。王永民知道，他这学上得不容易，妈妈经常要挨家挨户去借鸡蛋给他交学费，所以他读书非常用功，每天放学回家，他还要蹲在地上用画石写字。10 岁那年，他就从一本《四体百家姓》上，学会了真、草、隶、篆各种字体。

有了文化的王永民，时刻都想搞发明创造。他给家里做了精巧的捕鼠机，帮妈妈改造了纺花机，还经常将书上画的风向计、日影计时仪、小汽车、小火车等照样制作出来。有一天，他意外地发现，弯曲的管子可以把水从低处引到高处，便灵机一动，想造出一个能不断引水上山、流水推磨的"永动机"。当然，这一次他失败了。

1956 年，王永民以优异的成绩，考上了全县最好的中学——南召一中。6 年以后，王永民不但数理化的成绩出类拔萃，而且在文学上也显露出才华。报考大学时，他第一志愿填的是中国科技大学，第二志愿填的仍然是中国科技大学。因为他痛苦地看到一个无情的事实，就是中国的科学技术落在了世界的后面。

在毕业典礼上，品学兼优的王永民代表全体毕业生上台讲话，他大声疾呼："翻开我们学过的物理、化学课本，上面印的都是外国人的头像。我们中国人为什么不能有伟大的发明创造，把头像也印在课本上？"他的这句名言在全校广为流传，激发过不少校友的雄心壮志。但也有人把王永民称为"一个想把自己的脑袋印在书上的狂妄家伙"！

俗话说"心灵手巧"，灵巧的手是一个人大脑发育良好的标志之一。在大脑中支配手部动作的神经细胞有 20 万个，而负责躯干的神经细胞却只有 5 万个，可见大脑发育对手灵巧的重要性，而手动作的灵敏又会反过来促进大脑各个区域的发育。这就是人们常说的"眼过百遍，不如手做一遍"。

这里有一些给家长培养孩子动手动脑能力的方法：

1. 指导孩子做手工，如折纸、剪贴：两岁半的孩子从简单的一步折纸学起；到 3 岁时可学 2 ~ 3 步的折纸；3 岁开始学拿剪刀，先学剪纸条，后学剪图形，可以用纸条贴成链条或方纸贴成花篮等；4 ~ 5 岁可以剪更复杂的剪贴和图案。男孩子喜欢做车、船、大炮、飞机等。家长可帮助孩子做多种手工以发展手的技巧。

2. 锻炼孩子的自理能力。如：整理玩具，打扫房间，洗小物品。在日常生活中，父母要刻意培养孩子自己倒水喝，用筷子吃饭，学习擦桌子扫地，自己整理玩具，洗手绢等习惯。这样既培养了手的技巧也锻炼了孩子的自理能力。

3. 提供各种结构材料，让孩子玩结构游戏。如：积木、插塑、拼装玩具、橡皮泥、沙石、冰雪等。聪明的父母这时会顺应孩子喜欢动手的规律，拿来一些废纸让他撕，给他一些木头和棍子让他敲，买来蜡笔教他学画画，找一些不用的小瓶小盒让他配盖，为他准备一些积木和自制拼图、橡皮泥、七巧板等玩具，使他动手又动脑。孩子在动手时学会了技巧和专心去解决问题的能力；在拼七巧板、穿珠子、套盒时延长了专注时间，培养了独立工作能力。

专家这样告诉你

根据加州大学心理学家巴容的研究，创造性的人具有下列 3 种内在的特质：

1. 具有勇于接受挑战的倾向和兴趣

创造者特别喜欢复杂事物的挑战，并且很乐意去发掘其原则。有时他们也会被难题弄得满头雾水，但他们仍然会用一种统一的想象去处理杂乱无章的现象而理出端倪。

2. 他们的心灵经常保持开放，并且拒绝骤下结论

心理学家荣格指出，人们处理事物通常表现出两种不同的方式，其一是采取知觉的态度，把事物弄得一清二楚；其二是采取判断，对事项做个评断。判断者采取有秩序和审慎的计划性生活，其思想闭锁；知觉者采取开放心态，接纳自己内在世界的想象和外界的事项与经验，能产生自发创造性思考。

3. 创造往往基于直觉、预感、灵气或不可思议的感受

创造源自不可思议的非理性层面。理性的思考和逻辑只是整理发现事物的工具，并予以证实。根据巴容的研究，科学家 90% 的发现是来自直觉。

家长们可以运用心理上的"自我调解"，有意识地从以下几个方面培养孩子的创造性思维。

1. 展开"幻想"的翅膀

心理学家认为，人脑有 4 个功能部位：一是从外部世界接受感觉的感受区；二是将这些感觉收集整理起来的贮存区；三是评价收到的新信息的判断区；四是按新的方式将旧信息结合起来的想象区。只善于运用贮存区和判断区的功能，而不善于运用想象区功能的人就不善于创新。据心理学家研究，一般人只用了想象区的 15%，其余的还处于"冬眠"状态。开垦这块处女地就要从培养幻想入手。

想象力是人类对储存在大脑中的信息进行综合分析、推断和设想的思维能力。在思维过程中，如果没有想象的参与，思考就发生困难。特别是创造想象，它是由思维调节的。

爱因斯坦说过："想象力比知识更重要，因为知识是有限的，而想象力概括着世界的一切，推动着进步，并且是知识进化的源泉。"爱因斯坦的"狭义相对论"就是从他幼时幻想人跟着光线跑，并能努力赶上它开始的。世界上第一架飞机，就是莱特兄弟从人们幻想造出飞鸟的翅膀而开始的。幻想不仅能引导孩子发现新的事物，而且还能激发孩子做出新的努力、探索，去进行创造性劳动。

孩子们爱幻想，要珍惜他们的这一宝贵财富。幻想是构成创造性想象的准备阶段，今天还在幻想中的东西，明天就可能出现在创造性的构思中。

2. 培养发散思维

所谓发散思维，是指倘若一个问题可能有多种答案，那就以这个问题为中心，思考的方向往外散发，找出的较为适当的答案越多越好，而不是只找出一个正确的答案。人在这种思维中，可左冲右突，在所适合的各种答案中充分表现出思维的创造性。

1979 年诺贝尔物理学奖金获得者、美国科学家格拉肖说："涉猎多方面的学问可以开阔思路……对世界或人类社会的事物形象掌握得越多，越有助于抽象思维。"比如让孩子思考"砖头有多少种用途"，至少有以下各式各样的答案：造房子，砌院墙，铺路，刹住停在斜坡的车辆，做锤子，压纸头，代尺画线，垫东西，搏斗的武器……如此等等。

3. 发展直觉思维

所谓直觉思维是指不经过一步一步分析而突如其来的领悟或理解。很多心理学家认为它是创造性思维活跃的一种表现，是发明创造的先导，在创造发明的过程中具有重要的地位。物理学上的"阿基米德定律"是阿基米德在进入浴缸的一瞬间，发现浴缸边缘溢出的水的体积跟他自己身体入水部分的体积一样大，从而悟出了著名的比重定律。又如，达尔文在观察到植物幼苗的顶端向太阳照射的方向弯曲现象时，就想到了它是幼苗的顶端因含有某种物质，在光照下跑向背光一侧的缘故。但他在有生之年未能证明这是一种什么物质。后来经过许多科学家的反复研究，终于在 1933 年找到了这种物质——植物生长素。

直觉思维在学习过程中，有时表现为提出怪问题，有时表现为大胆的猜想，有时表现为一种应急性的回答，有时表现为解决一个问题，设想出多种新奇的方法、方案等。为了培养孩子的创造性思维，当这些想象纷至沓来的时候，可千万别怠慢了它们。青年人感觉敏锐，记忆力好，想象极其活跃，在学习和工作中，在发现和解决问题时，可能会出现突如其来的新想法、新观念，我们要及时捕捉这种创造性思维的产物，要善于发展自己的直觉思维。

4. 培养思维的流畅性、灵活性和独创性

流畅性、灵活性、独创性是创造力的三个因素。流畅性是指针对刺激能很流畅地做出反应的能力；灵活性是指随机应变的能力；独创性是指对刺激做出不寻常的反应，具有新奇的成分。它们是建立在广泛的知识基础之上的。

20 世纪 60 年代，美国心理学家曾采用所谓急骤的联想或暴风雨式的联想的方法来训练大学生们思维的流畅性。训练时，要求学生像夏天的暴风雨一样，迅速地抛出一些观念，不容迟疑，也不要考虑质量的好坏，或数量的多少，评价在结束后进行。速度愈快表示愈流畅，讲得越多表示流畅性越高。这种自由联想与迅速反应的训练，对于思维，无论是质量，还是流畅性，都有很大的帮助，可促进创造性思维的发展。

5. 培养强烈的求知欲

古希腊哲学家柏拉图和亚里士多德都说过，哲学的起源乃是人类对自然界和人类自己所有存在的惊奇。他们认为：积极的创造性思维，往往是在人们感到"惊奇"时，在情感上"燃烧"起来对这个问题追根究底的强烈的探索兴趣时开始的。因此要激发自己创造性学习的欲望，首先就必须使自己具有强烈的求知欲。而人的欲求感总是在需要的基础上产生的。没有精神上的需要，就没有求知欲。要有意识地为自己出难题，或者去"啃"前人遗留下的不解之谜，激发自己的求知欲。求知欲会促使人去探索科学，去进行创造性思维，而只有在探索过程中，才会不断地激起好奇心和求知欲，使之永不枯竭，永为活水。

一个人，只有当他对学习的心理状态，总处于"跃跃欲试"阶段的时候，他才能使自己的学习过程变成一个积极主动"上下求索"的过程。这样的学习，就不仅能获得现有的知识和技能，而且还能进一步探索未知的新境界，发现未掌握的新知识，甚至创造前所未有的新见解、新事物。

美国家长如何培养孩子的创造力

美国家庭普遍重视孩子创造力的培养，他们积极支持和鼓励孩子的创造性活动。

• 支持孩子在家里办画廊。孩子在家里大多有自己的"作品角"，他们在墙上开辟自己的园地：有的在墙上挂有小画板，写写画画；有的布置照片以及一些汽车、飞机、球星或宠物的图片；有的用艺术字写名人名言、座右铭或理想等。家长鼓励孩子画想象画、科幻画，越是异想天开越好。

• 鼓励孩子扮演戏剧角色。家长让三五个孩子一起分角色朗诵莎士比亚名句片段，朗诵名诗是很常见的；有的还让他们自编自演哑剧、小品和滑稽剧等，如假扮饭店、机场或公园里的各种人物，看谁演得像，看谁想象力丰富。

• 放手让孩子自办家庭小宴会。家长允许孩子邀请邻居家的小伙伴和同学来家里办家庭宴会。房间的布置、装饰和美化都由孩子自己设计，招待的饭菜、食品也是孩子自己去超市选购的。孩子还跟妈妈一起下厨，并给自己做的菜看起些艺术名称。通过这些小宴会，孩子学会了交际礼仪和生活技能，同时也培养了他们的创造性思维能力。

• 鼓励孩子做小实验，搞小制作，饲养小动物等。许多孩子都有"家庭工具箱"和"实验角"，供"小科学迷"们做实验，种花，植树，饲养鸟、狗、猫、小松鼠等。许多孩子每年都有自己的新作品参加创造发明比赛。

鼓励孩子自制不花钱的礼物。在孩子需要送给别人礼物时，家长鼓励孩子自己制作礼物，而不是花钱买，如新年贺卡、祝贺生日和节日的小工艺品等。这些小礼物新颖、独特，饱含着浓浓情谊和美好的祝福。

美国纽约医科大学的詹姆斯博士认为，家长培养孩子的创造力要从以下 8 个方面去做：

1. 不要轻易批评孩子的意见。

2. 对孩子建设性的想法要鼓励，引导。

3. 不要因孩子的错误和失败而斥责他，应循序诱导，告诉他错在哪里，怎样才能避免失误，获得成功。

4. 要鼓励孩子打破常规。

5. 不要对孩子唠叨不休。

6. 不要过多地限制孩子的自由，要给他们有充分的想象天地。

7. 不要忽略孩子的隐私权。孩子有些话愿和小伙伴、同学讲，但不一定跟父母讲，这是正常的。

8. 不要怀疑孩子的能力而事事包办代劳，最重要的是父母要尊重孩子的独立人格，让孩子独立自主地学习、生活和做事。

自信心

SELF-CONFIDENCE

法国作家阿兰在论述把快乐的智慧用于和烦恼做各种各样斗争时说：烦恼是我们患的一种精神上的近视症，应该向远处看保持积极乐观的心态，这样我们的脚步就会更加坚定，内心也就更加泰然。

比如如果这会儿下雨了，我们就说"下雨了"，不要说"该死的天，又下雨了"，因为这样说并不能改变下雨的事实。当然，就算我们说"太好了，又下雨了"，也不能使雨发生任何改变，可是如果我们把这种话说给别人听情况就大不一样！我们说："您瞧，太好了，又下雨了！"就会把快乐传递给别人。

一位外国大提琴家的童年故事可以说就是一个绝好的例证。

有一天，他拖着比自己身体还高的大提琴，在走廊里迈着轻快顽皮的步伐，心情显然好极了。

一位长者问道："孩子，你这么高兴，是不是刚拉完大提琴？"他的脚步并没有停下。

"不，我正要去拉。"这个 7 岁的孩子懂得一个许多大人不懂的道理：音乐是一件欢乐的事情，而不是我们不得不做的、必须忍受的工作。

你是否因为你的孩子没有显示出超人的天赋而暗中失望？你是否因为你的孩子没有别的孩子漂亮而感到脸上无光？要知道，孩子对自己的评价很大程度是建立在父母对他们的评价上的。很多孩子知道自己的父母很爱他们，但很少有孩子认为他们与父母是平等的。你的孩子相信你可以为他献出生命，但同时也认为你并不拿他当回事儿。因为当孩子与你的客人攀谈时，你曾打断过他的话，厉声叫他走开，只有让孩子坚信他的父母喜欢他，这个孩子才会有很强的自信心。

拿破仑希尔说："信心的力量是惊人的，相信自己，那么，一切困难都将不再是困难的。因为自信心是一种积极的心理品质，是促使人向上奋进的内部动力，是一个人取得成功的必备的、重要的心理素质。"

《东方之子》栏目记者访问邓亚萍时问道："你怎么会每次都获得冠军呢？"邓亚萍举起一个大拇指，说："我，自信！"

自信心就像人的能力催化剂，将人的一切潜能都调动起来，将各部分的功能推动到最佳状态。而高水平的发挥是建立在不断反复的基础上，并巩固成为人的本性的一部分，这样才能将人的功能提高到一个新的水准。一个人的成长路线如果是沿着这样的积极上升方式行进，可以想象其积累而成的效果是十分可观的。

在许多优秀的企业家身上，我们都可以看到这种超凡的自信心，正是在这种自信心的驱动下，他们敢于对自己提出更高要求，并在失败中看到成功的希望，鼓励自己不断努力，获得最终的成功。

在那些成功的企业家身上我们同样可以找到自信的催化作用，而且在我们周围的优秀人才身上，也不断放射出自信的光彩。

孩子快乐的意义

人的情绪状态和人体的生理变化有着紧密的联系。研究者通过实验发现，情绪可直接影响植物性神经系统的功能。比如人在激动、紧张时，会出现心率加快，血压上升，呼吸急促，胃肠道活动受到抑制等现象；恐惧时呼吸会暂时中断，脸色发白，出冷汗；悲伤时，则胃及肠道蠕动和消化液的分泌都减少，引起食欲减退；而在心情愉快时，胃及肠道蠕动和消化液分泌都会增强。情绪还会导致内分泌的改变。孩子如果长期处于某种消极的情绪状态，如压抑、紧张、悲伤中，体内的正常生理活动就会被打乱，生长发育也会受到一定的影响。孩子的情绪状态还会影响他的各种活动：如果某种活动与愉快的情绪体验联系在一起，孩子就很乐意参加，而且有兴趣；反之则会引起孩子的厌恶和拒绝。除此之外，孩子是否快乐也会影响到他的人际交往方式——快乐的孩子总是喜欢和小朋友一起玩，也比较容易忍让；而心理压抑的孩子则经常独自呆着或攻击别人。所以，保持愉快的情绪是孩子健康成长的条件之一。

快乐既是一种心情，也是一种"性格"。快乐的心情有起有伏，而快乐的性格比较稳定。孩子快乐的性格可以通过以下途径来培养：

1.让孩子享受"不受限制"的快乐

家长希望居室整洁，周围的邻居又喜欢安静，所以，孩子一旦开始喊叫，跳跃，家长便会想办法制止，孩子只好越来越乖。表面上，是家长管教有方，但由此带来的结果是孩子的热情和活力的丧失，孩子的心灵也受到了压抑。但孩子毕竟需要尽情玩耍，需要有时间去抓萤火虫，打雪仗，看蜘蛛织网、蚂蚁搬家——这些按照孩子自己的步伐去探索世界的活动，更能给他们带来真正的快乐。

2.让孩子学会关心他人

孩子需要认同自己是家庭和社会中有价值的成员。家长应尽量给孩子提供接触社会，关心和帮助他人的机会。如让他把家里的旧玩具收集起来，送给需要的小朋友；帮助照看比自己年纪小的小朋友；帮妈妈做力所能及的家务，等等。在家里，家庭成员之间要相互关心，营造温馨的家庭氛围，让孩子从小就懂得关心家长，关心长辈，懂得分享。

3.让孩子笑出声来

笑出来，对你和孩子的健康都有好处。有些家长喜欢在孩子面前保持严肃的形象，以为这样才有尊严。其实不是那么回事。让你的家中充满笑声，并经常给孩子一个拥抱，这些是最好的爱的表达。有个教育家说："一个孩子一天需要4次拥抱，才能存活；8次拥抱，才能维持；16次拥抱，才能成长。"亲子感情不要放在心里，爱他就要表达出来。

4.不要对孩子太苛求完美

孩子毕竟是孩子，各方面的能力有限，总有这样或那样的不足，家长不可过于追求完美，家长如果总是对孩子表示不满和批评，会伤了孩子的自尊，使他失去自信。所以，下一次当你再要抱怨的时候，先想一下：这个过错是不是跟他的年龄有关？10年后他还会这样做吗？如果你的答案是否定的，就别再唠叨个没完。记住：你和孩子之间的感情总比他把袜子放在哪里重要得多。

5.教孩子解决问题的技巧

当孩子认为自己能解决一些问题时，可以让他产生良好的自我感觉，树立起信心，并且具备下次自己解决难题的勇气。当他遇到难题时，你可以按下面的步骤教他解决问题的技巧：发现问题；让孩子描述出他想要的结果；帮他设计出要达到这个结果的步骤；让他自己想，哪一步他能够自己完成，哪一步需要别人的帮助；在他确实需要帮助的步骤上提供帮助。

6.给孩子展示自己的机会

每一个孩子都有自己独特的天才和技能，展示这些能给他带来极大的喜悦。"妈妈，我给你讲个故事好不好？"这时即使你在厨房做饭，也要满足他这个愿望，并适时地给予肯定："你讲得真是太棒了。"要知道，能和你分享他喜欢的这个故事，他会是多么的快乐。孩子的热情能通过你的分享和肯定，转化成良好的自尊、自信，而这些品质对他们一生的快乐都是最宝贵的。

天天向上

乐观是"一种性格倾向，使人能看到事情比较有利的一面，期待更有利的结果"。也许有些孩子天生就比较乐观，有些孩子则相反。但心理学家发现乐观思想是可以培养的，即使孩子天生不具备乐观品性，也可以通过后天的努力来实现。

要培养孩子乐观的品性，父母首先必须有乐观的思维方式。父母在处理自身问题和家庭问题时的乐观态度，对孩子具有重要的示范作用。孩子通过观察和模仿才能逐渐养成乐观品性。当孩子遇到不利事情而悲观时，父母应带领孩子对问题进行多方面的思考和衡量，并让孩子明白他的悲观思想中存在的逻辑错误。

著名教育学家塞利格曼指出：父母批评孩子的方式正确与否，明显地影响着孩子日后性格的乐观和悲观。父母对孩子的批评应该恰如其分，不应把孩子几次错误夸大成永久性的行为。父母应该具体指出孩子的错误及犯错误的原因，使孩子明白自己所犯的错误是可以改变的，并知道从何处着手改变。

1848 年初，美国加利福尼亚州内华达山区发现金矿的消息，传到了饱受经济危机之苦的苏格兰。顿时，整个苏格兰沸腾起来了。人们趋之若鹜，纷纷举家西迁，掀起了一股空前的"移民潮"。仅在这一年，苏格兰就有近 19 万人移居美国。他们分乘数十艘船只，远涉重洋，直奔大西洋彼岸。

1848 年 5 月 27 日，"维斯卡塞特"号轮船驶离英国格拉斯哥港，经过福斯湾，航行在波涛汹涌的大西洋上。船上有一个13岁的少年和他的双亲及5岁的弟弟。他们与其他来自苏格兰的穷苦移民一起，挤在阴暗、低矮的客舱里，食物粗劣，空气污浊，备受旅途的煎熬。经过整整50天的颠簸，轮船终于抵达了目的地——美国东海岸的纽约港。

1848年7月15日清晨，这位少年与新移民们一起拥上甲板，迎着朝阳，远眺这片梦寐以求的希望之地，心中充满着憧憬。正是这个13岁少年，在来到美国后的半个世纪里，从一文不名的移民变成了美国的钢铁大王、世界首富，创造了被人们称为"美国梦"的奇迹。他就是美国十大财阀之一的安德鲁卡耐基。

1835年11月25日，安德鲁卡耐基出生于苏格兰古都丹弗姆林。父亲威尔卡耐基以手工纺织亚麻格子布为生，母亲玛琪则以缝鞋为副业。父母虽穷，却为人正直，始终充满着积极进取的精神。这是一个继承了自豪、自立、自尊光荣传统的家族。

小卡耐基的祖父是个性情开朗、机智幽默，而又具有不屈不挠精神的人。小卡耐基作为长孙，以祖父的名字——安德鲁卡耐基命名。他从小就以有这样的祖父为荣，同时也以终生拥有他的名字自豪。他的外祖父是个天生的雄辩家，也是个富有才智的政治家，是当地颇为活跃的政治领袖。或许是祖辈遗传基因的作用，卡耐基自小就乐观进取，能言善辩，这对他一生的影响极大。

在卡耐基出生的第二年，父亲用积攒的钱添置了3台纺织机，并雇佣了几名工人。家中境况因此有所好转，全家搬进了一幢有小阁楼的平房里。

卡耐基从小就帮家里做事。由于没有自来水，他每天一大早就起来，就得挑上一副大水桶，去附近的一口井边排队打水。挑了几担水后，才吃早饭，上学。晚上回来总要帮正忙于缝鞋的母亲穿针引线，同时心里还需默诵着在学校学到的诗篇和文章。

1843 年，卡耐基 8 岁时，英国工业革命的巨浪席卷了丹弗姆林。这座古老的城镇上出现了第一架蒸汽带动的亚麻织布机。不久，经过改良的蒸汽机就彻底改变了小镇的面貌。丹弗姆林的手工纺织业不堪蒸汽机的冲击，日渐衰颓，纷纷破产。卡耐基一家的生活也每况愈下，帮工被解雇，织机被变卖。母亲只能开一间小铺子，来维持生计。

然而，致命的打击又接踵而来，那就是 1846 年的欧洲大饥荒和 1847 年的英国经济危机。卡耐基一家实在混不下去了，不得不写信给早几年移居美国匹兹堡的两位姨妈，表示也要举家前往美国。两位姨妈回信说，眼下正是赴美的良机，就业机会很多，希望他们快去。

卡耐基的双亲变卖了家中所有的织布机和家具，去美国的旅费还差 20 英镑。幸亏母亲的一位好友帮忙，借给他们 20 英镑，一家人才有了足够的旅费，启程前往美国。

卡耐基一家在纽约下船后辗转来到匹兹堡，在亲戚家安顿下来。为养家糊口，父亲别无选择，又操起老本行，织起了桌布和餐巾，并且还得自己去沿街叫卖，挨门兜售这些产品。尽管如此，赚的钱远不够一家开销的。母亲只好以缝鞋为副业，经常缝到深更半夜，而卡耐基和弟弟汤姆则在一旁帮忙。就这样，一家人每周只赚 5 美元，日子过得相当清苦。

为了给父母分忧，卡耐基进了一家纺织厂当童工，周薪只有 1 元 2 角。后来，他又干起了挣钱稍多一点的工作：烧锅炉和在油池里浸纱管。油池里的气味令人作呕，灼热的锅炉使他汗流浃背，但卡耐基还是咬着牙坚持干下去。当然，他并不甘心如此潦倒一生，而是奋发图强，积极进取。

卡耐基在白天劳累一天后，晚上还参加夜校学习，课程是复式记账法会计，每周 3 次。这段时期他所学到的复式会计知识，成了他后来建立巨大的钢铁王国并使之立于不败之地的法宝。

1849 年冬天的一天晚上，卡耐基上完课回家，得知姨父传来话，匹兹堡市的大卫电报公司需要一个送电报的信差。他立刻意识到：机会来了。

第二天一早，卡耐基穿上崭新的衣服和皮鞋，与父亲一起来到电报公司门前。他突然停下脚步，对父亲说："我想一个人单独进去面试。爸爸，你就在外面等我吧。"原来，他担心自己与父亲并排面谈时，会显得个子矮小；同时，他也怕父亲讲话不得体，会冲撞了大卫先生，从而失去这个难得的机会。

于是，他单独一人上到二楼面试。大卫先生打量了一番这个矮个头、高鼻梁的苏格兰少年，问道："匹兹堡市区的街道，你熟悉吗？"

卡耐基语气坚定地回答："不熟，但我保证在一个星期内熟悉匹兹堡的全部街道。"他顿了顿，又补充道："我个子虽小，但比别人跑得快，这一点请您放心。"

大卫先生满意地笑了："周薪 2.5 美元，从现在起就开始上班吧！"

就这样，卡耐基谋得了这个差事，迈出了人生的第一步。这时，他年仅 14 岁。

在短短一星期内，身着绿色制服的卡耐基实现了面试时许下的诺言，熟悉了匹兹堡的大街小巷。两星期之后，他连郊区路径也了如指掌。他个头小，但很勤快，很快在公司上下获得一致好评。一年后，他已升为管理信差的负责人。

卡耐基每天都提早一小时到达公司。打扫完房间后，他就悄悄跑到电报房学习打电报。他非常珍惜这个秘密的学习机会，日复一日地坚持着，很快就熟练掌握了收发电报的技术。后来他被提升，成了电报公司里首屈一指的优秀电报员。

当年的匹兹堡不仅是美国的交通枢纽，而且是物资集散中心和工业中心。电报作为先进的通讯工具，在这座实业家云集的城市里起着极其重要的作用。每天走街串巷送电报、嘀嘀嗒嗒拍电报的生活，使得卡耐基就像进了一所"商业学校"。他熟悉每一家公司的名称和特点，了解各公司间的经济关系及业务往来。日积月累之中，他读熟了这无形的"商业百科全书"，这使他在日后的事业中获益匪浅。因此，卡耐基在回顾这段时期时，称之为"爬上人生阶梯的第一步"。

由于卡耐基工作勤快，颇得大卫总经理的赏识。一个月末的一天下午，卡耐基被单独留了下来。当他跨进总经理办公室时，心里七上八下，忐忑不安，生怕自己工作中有什么疏忽，做错了事。但大卫总经理却拍拍他的肩膀说："小伙子，你比其他人更努力，更勤勉，所以从这个月开始给你单独加薪。"卡耐基高兴得差点晕倒。他领了13.5美元，比上个月多出2.25美元。对年仅15岁的贫苦少年来说，这是笔巨款。

回到家，卡耐基只是像往常一样，将11.25美元薪水交给母亲，而将增加的2.25美元暂时留了下来，因为这笔钱对他来说实在太珍贵了。晚上临睡前，他把加薪的秘密告诉了弟弟，7岁的小汤姆也感到吃惊。于是，兄弟俩兴奋地谈起了未来的事业，憧憬着将来要合开一家"卡耐基兄弟公司"，赚好多好多的钱，送给母亲一辆闪闪发亮的马车，再也不让她老人家像现在这样缝鞋缝到深更半夜了。他们谈了很久很久才沉沉入睡。

第二天在餐桌旁，卡耐基把2.25美元拿出来交给母亲，并问："我们在丹弗姆林跟人家借的钱，还差多少？"

母亲显得很吃惊："那20英镑的债还差一点就够还了。你这钱是从哪里来的？"

当母亲得知这笔钱的来历后，眼里涌出了喜悦的泪水，而坐在一旁的父亲却流露出得意的神色。他们意识到，自己的儿子有出息，将来一定会做一番大事业的。为寄还好友主动资助的那 20 英镑，这两年来母亲每天尽量节省生活开支，5 角钱 5 角钱地存起来，眼看快凑足 200 美元还债了。如今儿子又以增收的钱帮助还债，这是多么令人高兴的事呀。这一天，全家每个人内心都充满着喜悦。

卡耐基在跑腿送电报之余，很想多读点书来充实自己，可是，苦于家境贫穷，根本没有多余的钱买书。

幸好有一天他在翻阅报纸时，发现了一条消息：退役的詹姆士安德森上校愿意将家中所藏 400 册图书借给好学的青少年们。每逢星期六可以到他家借一本书，一星期后归还，再换借另一本。

于是，欣喜若狂的卡耐基找到上校的家，借到了自己心爱的书。从此每到星期六，他都能和一个崭新的知识世界接触了。

后来，上校眼看借书的少年日益增多，决计办一个私人图书馆，他到纽约添购了各种书籍，扩大了自己的书斋，又向市政府借了一间房，成立了一家真正的图书馆。

卡耐基从安德森图书馆里借到了许多好书，养成了喜爱读书的习惯，只要一天不看书，就觉得心神不宁。安德森使他在人生的黄金时期有了读书的机会。后来卡耐基事业成功时，为了报答安德森先生的帮助，在其私人图书馆的原址盖了大会堂和图书馆，并立碑纪念这位恩人。

近些年来，我们的家庭教育忽视了以培养积极乐观的情绪来促进孩子智力的发展。在现实生活中，孩子因情绪变化而影响其求知欲、智力及上进心发展的情况屡有发生。

两个学习电脑的孩子，一位由于教师和家长较多地采用鼓励法激发他的学习兴趣，因而学习效果好；另一个因家长求成心切，经常斥责孩子，致使他学电脑时心理时常处于紧张状态，学习效果很差，最后以拒绝学习而告终。因此，家长要注重培养孩子积极乐观的情绪。怎样才能做到这一点呢？

1.要保持家庭中和睦愉快的气氛

为此，家庭中所有成员在说话做事时都应保持平和的态度。父母与孩子谈话时，要和颜悦色，使孩子感到可亲可敬，心情舒畅；不要经常厉声厉色地斥责孩子，以免孩子对父母望而生畏，心情总处于不舒畅的紧张状态。

这就要求家长在教育孩子时，必须从尊重孩子的愿望出发，以理服人，要让他们自然滋生出积极的情绪。

例如，孩子迷恋于看电视，但睡觉时间一到，家长便马上把电视机关掉，责令孩子立刻睡觉。开始时，这种简单的方法会激起孩子大哭大闹。后来，家长以商量的口气对孩子说："再看5分钟，你就上床睡觉，好吗？"这就给孩子留有情绪变换和思考的余地，孩子也就渐渐适应成人的要求了。

2.在家庭生活中，应该经常有孩子喜爱的琴、棋、书、画以及各种文娱体育活动

孩子经常处于愉快的精神氛围中，情绪自然开朗、活泼。比如，吃饭时、睡觉前，全家人听听轻音乐；茶余饭后，带孩子散散步，与孩子一块讲讲故事、唱唱歌；节假日可带孩子搞一些手工制作，开展一些打球、下棋、书画等陶冶性情的娱乐活动。这样，家庭生活中时时处处都充满着欢乐愉快的情趣，可保持孩子积极健康的情绪和心态。

3.要经常引导孩子完成力所能及的任务，使其体验"成功"的欢乐

家长不仅要让孩子在满足于吃、穿、用时才产生喜悦的情绪，应同时让孩子在完成学习、劳动任务中，或在游戏活动中体验到"成功"

的愉快心情。尤其对年龄较大的孩子，更应注意这一点。

一个6岁的孩子，家长仍舍不得让他做些力所能及的事情，也不让他同邻居的小伙伴一块玩耍。孩子不高兴时，家长就让他吃点心，玩高档玩具，可孩子仍是默默无语，经常发脾气。后来，家长改变了教育方法，让孩子经常和小伙伴一起玩耍，帮助家长做些简单的家务劳动。这样，孩子的生活内容充实了，在完成各种任务过程中获得了极大的满足和愉快感，孩子的情绪也得以转化，变得乐观向上了。

4.孩子一旦有了不愉快的事情，家长要设法尽快消除其不良情绪，恢复其愉快的心境

俗话讲："悲伤心，怒伤肝，不悲不怒活神仙。"倘若孩子长期情绪不佳，就很可能引起某种神经性病变。所以，家长一定要设法使孩子经常保持良好的精神状态，以利于其身心健康。

假如孩子做了错事，家长可以严厉地对其进行批评教育，但要速战速决。当孩子认识了错误并表示改正时，家长应马上收起指责的态度，使孩子尽快恢复正常的情绪。

又如，当孩子受到委屈而不高兴时，家长应设法转移孩子的情绪，即用一种孩子喜欢的事物去吸引他，使他注意这一事物而忘掉不高兴的事情，转忧为喜，恢复良好的情绪状态。

播撒积极的种子

自信乐观的孩子更容易被社会接受，这是一个不争的事实。孩子的个性是可以改变的，就像播撒种子一样，只要有适宜的田地，就一定可以结出成功的果实，而这"田地"就是父母自己。

孩子就像是一颗颗种子，父母要做的就是把这一颗颗种子播撒到田地，然后耕种，除草，浇灌……没有一个父母不想收获成功，那么

应该怎样做呢?

在港台的亿万富翁中，霍英东的知名度可以说是最高的。这不仅因为他个人资产大约有 130 亿港元，更因为他连续几届担任全国人大常委会常委，在 1993 年又当选为全国政协副主席!

然而，霍英东的出身，也许要算亿万富翁中最苦的一个!

他的祖籍是广东省番禺县，但是从他的祖父开始全家就离开了陆地，长年居住在舢板上，被人称为"舢板客"，甚至贬称为"水流柴""蛋家仔"，意思是这样的人无家无业，像水上漂浮的柴片一样到处漂流，像浮在水面的半个鸡蛋壳，随时都可能被打翻，沉入水底!

1922 年秋天，霍英东就出生在这样的舢板上。他最初的名字叫霍好钊，后来改叫霍官泰。抗日战争爆发后，年轻气盛、自信的他自己改名英东，意思是要"英姿勃发于世界的东方"!

霍英东的父母靠着一只小驳船，在香港做驳运生意，也就是从无法靠岸的大货轮上将货卸上自己的驳船，再运到岸边码头——出的是牛马力，挣的是血汗钱，一家人艰难度日。全家人一年到头连鞋子都不穿，这也成了他们被人取笑的特征。霍英东至今还记得，有一年过年，父亲特别穿了双新鞋上岸，可是在大排档吃馄饨时，他不知不觉间就把鞋子脱掉了，吃完后赤着脚就走，根本没想到自己还有一双鞋! "舢板客"的生活不但贫困，而且危机四伏。

霍英东 7 岁那年，在一次风灾中，他的父亲因为翻船被淹死了，一家人悲痛欲绝。俗话说"祸不单行"，仅仅过了 50 多天，霍家的小船又一次翻在大海里，两个哥哥葬身鱼腹，连尸体都没有找回来! 母亲死命抱住一块船板，侥幸被过路的渔船救下一条命。当时霍英东因为在海边找野蚝，不在船上，才躲过了这场灾难。

母亲再也不敢居住在舢板上了，带着霍英东和两个女儿搬进了湾仔的棚户区，同另外 50 多家人同住在一幢破旧的房屋里。这里一半的人都患有肺病，经常有人死去。母亲勉强维持着驳运的生意，同时还为船员洗补衣服，艰难地养活着一家人。

小小的霍英东总也弄不明白为什么别人可以住上高楼大厦，而他们家却这样贫困。在河滩上玩耍时，他常常用泥土盖起一幢幢的"房屋"，兴冲冲地说："妈妈，这是给你的！姐姐，这是给你的！"

母亲因为自己不识字，在经营中常常吃亏，所以宁可自己多吃苦受累，也不让霍英东当童工，而坚持让他去免费的新梅小学读书。天性聪明的霍英东学习极其刻苦，偶尔一次考试成绩在第三名以下，他就觉得脸红，感到对不起母亲和姐妹。

12 岁那年，霍英东以优异的成绩拿回了小学毕业证书，对母亲说："我读完小学了，以后让我帮你干活吧！"

母亲拍拍懂事的孩子，说："儿啊，我要供你多读几年书，让你成为一个有出息的人！"

全家人节衣缩食，把霍英东送进了香港有名的皇仁书院读中学。皇仁书院每个月的学费就是 5 元钱，这对于他们这样贫困的家庭实在是过于昂贵了！霍英东第一次交学费，母亲四处筹措，仍然没凑齐 5 元钱。这时，他 14 岁的姐姐默默地翻出一个手绢包，取出了自己多年积攒下来的压岁钱！那一枚枚磨得发亮的铜板是她牺牲了多少女孩子吃零食、买小玩意的快乐才保留下来的啊！她却心甘情愿地给弟弟做了学费。

霍英东在校读书很是勤奋，成绩总是排在前几名。在皇仁书院，霍英东接受了比较系统的教育，除了完成学校规定的学业之外，他还广泛阅读了不少文学作品，如《金银岛》、《鲁滨逊漂流记》等。

那段日子，他的生活是相当艰辛的。因为皇仁书院学费很高，为了省下一点钱，霍英东常常不坐电车，花半个钟头急步上学。在学校里他最喜欢的课外活动便是踢球，大概因为他当时身体比较瘦弱，想炼出一副强健的体格。不过，他不敢踢得太久，总是匆匆地踢上几十分钟便急着跑回家，因为要回去帮助妈妈记账和送发票。

霍英东后来回忆说："这种紧张生活经常弄得我筋疲力尽，头昏眼花，甚至神经衰弱。不过，这对于我又是一个极好的锻炼，使我后来走上社会以后，不管生活多么艰辛，工作多么繁忙，自己也不畏惧，都能够从容应对。"

世界软件业巨头——微软公司的老总盖茨出身于美国西雅图一个富裕的律师家庭，他的父亲威廉很注重从小培养他"凭本事打拼"的意识。

威廉说："重要的是要让孩子知道自己能够赚钱，并且不管做什么事情都要有信心和干劲。"盖茨帮家里做事，父亲总是给予其一点小报酬，以此激发他的热情，让他懂得工作是通往幸福的台阶。威廉表示，这样做可以让孩子了解现实社会和外部世界，也可以让孩子了解大家一起劳动，一起追求同一目标的快乐。

上私立高中时，盖茨就和朋友一起开发了计算市内交通量的软件，并在竞争中取胜，签订了一份数额不小的合同。后来，学校的负责人雇用他们编制教学计划，盖茨还与人合作编写了企业的工资系统用的程序。威廉夸奖说："盖茨是通过劳动获取报酬的。"

以上的故事告诉我们：父爱也是造就天才的关键。在孩子的成长过程中，父爱和母爱有着各自不同的影响作用。母爱可使子女身体和情感得到健康的发展，父爱的功能则表现在教会孩子怎样应付和解决他们遇到的各种人生问题上；母爱代表着人性和社会生活情感方面，父爱则往往象征着事业、思想、秩序、冒险和奋斗，代表的是理性方面，其主要表现在对孩子成就感的培养上。孩子在学校的学习成绩和学习能力也与父亲有关，据有关机构调查表明，如果有一个好的父亲，则孩子在数学和阅读理解方面的能力就会比较高，在人际关系上会有安全感，自尊心也比较强，很容易与人相处。因此从某种意义上来说，父爱远远胜过母爱。所以孩子最理想的人格是同时兼具了父爱和母爱两方面的内容。现在较为普遍的问题是，一些做父亲的往往忽视甚至放弃自己的教育责任，致使孩子所受的父性教育严重不足。这样的孩子容易形成所谓的"偏阴性格"，即脆弱，胆小，多愁善感，依赖性强，独立性差。父亲应"亲临"教育第一线，这样才有利于培养孩子健康人格和自主能力，使孩子更好地适应现实世界和未来社会。

有人说"一个父亲胜过100个教师"，不无道理，很多家长需要自己去领悟其中的涵义。

成功的儿童多数得到父母的推动——那正是他们所需要的激励，以下是专家们认为培养孩子积极主动进取的方法：

1.让他们选择

一位成年人曾这样说："我父母从小就教我做出理智的决定，他们相信我自己的判断能力，从不强迫我依他们的方式去做事，所以，我取得了今天的成绩。"

专家们认为，让孩子自己做出决定，有助于他们建立自信。要教导孩子做出明智的选择，并要相信他们的判断能力。

其实孩子做的有些事情父母们一般是不太赞同的，但只要孩子决定做的事是合法而又没有危险的，父母应尽量地不要去干预。如果你要孩子相信自己有能力和勇气去做某件事情，你得先表示对他有信心。

2.给予鼓励，不要给物质奖励

许多父母都想要子女拥有比自己多的物质，但只给他们各种各样的物质享受可能会带来反作用。

如有一些父母，在孩子身上花费太多，可孩子在进取上就是没有雄心：孩子们读完书后，完全不知道自己想做什么，结果什么也不做，孩子所应有的进取热情从来没有在他们身上产生过。

为孩子制造一些成功的机会，然后称赞他们所做的工作，表彰他们的成就，鼓励孩子表达自己的意见，也可以培养出他们的独立能力。只要孩子认为自己的意见有价值，就会比那些觉得自己怎样想也没有关系的人更有信心而再向前迈进。

3. 找出孩子的兴趣所在

孩子有自己特殊的兴趣，没有谁比他们的父母更能发掘他们的兴趣所在。

例如有一位母亲，经济上入不敷出，可是孩子渴望参加球队。虽然孩子患有严重的哮喘，但这位母亲鼓励他坚持下去，自己还节衣缩食为孩子购置球衣。她说："如果孩子对某件事真的有兴趣，我会想办法，让他如愿以偿。"孩子读高中时，哮喘病大致好了，成为球队的主力。现在事业有成，生活美满。

4. 扩展视野

孩子如果没有机会接触世界上各种奇妙的事物，父母可能很难找出他的兴趣所在。

有一个孩子取得某学位后，接受了一家公司的聘请，可是不久他就满腹牢骚。他问其他亲友的意见时，亲友们为他列举了一些他可以做的职业，他眼睛也睁大了。原来他从未想过可以选择亲友们所提的那些职业。后来他在房地产估价行业中找到了一份具有挑战性的新工作，他以前从未想过可以做这方面的工作。

专家们认为，孩子并不是样样皆能的，但只要见到某个孩子遇上了一些能引起他兴趣的事情，父母就应该鼓励他们去干。

5.让他们自己动手工作

孩子长大了，便得教导他们如何工作，竞争和取得成就。

孩子想要一些你本来没有打算买的东西，可以问他准备怎样支付那一部分费用。也许他可以通过正常途径外出打工，通过自己的劳动得到报酬，这样他就会知道如何才能赚到钱和赚钱的劳累。你可以提示他如何把自己的工作做好，但切勿替他做，也不要说你可能比他干得更好。

6.减少被动的活动

专家们建议限制孩子看电视和玩电脑游戏的时间。这类被动的活动使孩子集中注意力的时间缩短，而且不需要孩子多用脑想。

专家们劝告家长，不要陷入孩子诉说"我很闷"的陷阱。如果家长一听说他"很闷"便代他解决问题，孩子便会更加依赖他们，以及更经常看录像、电影，从中寻求乐趣。孩子应学习运用自己的想象力找寻有趣的活动。

7.以身作则

专家们都相信，家长为了孩子所能做的事，没有什么比做个好榜样更为重要的。孩子都是从模仿中学习的。如果他们在积极活跃的环境中长大，便会发现积极参与的好处。

不管你称这些特点为独立性、进取心或主动性，它都是我们想让自己孩子具有的特质。如果你想让自己的孩子长大成为对社会有建树的人，现在就是播下成功种子的时候了。

挫折教育

我们身边的孩子，心理承受能力差，在行为上也常常表现得浅尝辄止，缺乏忍耐力。这其实并不是他们自身造成的。他们长期生活在被伺候、被服务的环境里，从进小学到读大学，以至工作选择，都由父母去承受压力，克服困难，自然变得依赖性强，耐挫折力弱。所以各种体验都不深，包括幸福欢乐也都是瞬间感受。

其实，生活中许多轻度挫折，却是意志力的"运动场"，当你大汗淋漓地跑完了全程，克服了生活的挫折，就会获得愉快的体验。只有尝得饥饿挫折的人，才能吃出食品的美味。

AQ（Adversity Quotient）就是我们说的逆境商数或挫折商数。简单地说就是当面对逆境或挫折时，不同的人对待逆境或挫折产生的不同反应，这种反应的能力，就叫逆境商（挫折商）。它只有定性，没有量化的指标。在具有相差不多智商和情商情况下，逆境商对一个人的人格完善和事业成功起着决定的作用。

高 AQ 的人在面对逆境时，始终保持上进心，从不退缩，他们会把逆境当作激励自己前进的推动力，能够发挥最大的潜能，克服种种困难，获得成功。低 AQ 的人在困难面前，看不到光明，于是败下阵来，一事无成。

一个人事业成功必须具备智商、情商、逆境商这三个成功的因素。高智商的人并不意味着能够事业成功，只有高情商、高逆境商的人才能预示他的事业有成。

让我们来看看李嘉诚的一些经历。

李嘉诚 1928 年 7 月 29 日出生于广东省潮州市。他的祖父是清朝末年的秀才，父亲李云经也受过很好的教育，以教书为职业。李嘉诚从小就受到家庭文化环境的熏陶，3 岁就开始读唐诗，到小学毕业时，已经能读《红楼梦》、《老残游记》、《资治通鉴》了。

可是，李嘉诚3岁时，祖父就去世了，从此家里的经济条件越来越差，生活越来越困难。父亲几次被迫丢下教鞭，到南洋去做生意，然而都没赚到钱，最后还是回到家乡来教书，艰难地维持着一家人的生活。李嘉诚放学后，常常到码头边去捡煤屑。父亲生了病，也没有钱去医院，还要坚持工作，有时候一边批改学生的作业，一边大口大口地吐血，这使小嘉诚深感心痛。

抗日战争爆发后，李嘉诚一家人离家逃难，先后在汕头、惠阳、广州等地流浪，经常露宿车站。父母和小嘉诚都不得不到大街上卖香烟、糖果、针线挣点钱，忍饥挨饿过日子，最后一家人逃到香港避难。李云经积劳成疾，终于病倒在床。1943年，还不到40岁的李云经就离开了人世。刚上了几个月中学的李嘉诚从此失学了。

在那兵荒马乱的年月，到处都是失业的人，李家孤儿寡母，就更难找到工作了。母亲设法批发一些塑料花去卖，每天只能赚到几角钱，根本无法养活一家五口。李嘉诚是家中的长子，对母亲非常孝顺，他不能不帮助母亲承担家庭生活的重负，所以到处找事情做。

一位茶楼老板看他们可怜，答应收留小嘉诚在茶馆里当烫茶的跑堂。16岁的小嘉诚，从此踏进纷纭复杂的社会，开始了顽强拼搏的人生旅程。

南方人起得早，睡得晚，茶楼天不亮就要开门，到午夜还不能休息。每天"披星戴月上班去，万家灯火回家来"，要工作十几个小时，对一个未成年的少年来说，这实在是太难熬了。小嘉诚也抱怨过自己的"命"不好，甚至希望哪天日本鬼子的枪走火，把他打死算了！但是他想到母亲和弟妹，感到自己有责任为家庭分忧，就是再困难也得拼下去。

有一次，因为太疲倦了，他一不小心把一壶开水洒在地上，溅湿了客人的衣裤。当时他很紧张，等待着客人的巴掌、老板的训斥，可是那位客人反而为他开脱，不准老板开除他。

这件事给李嘉诚的印象很深，几十年以后，当他成为香港有名的大富豪后，还感慨地说："如果能找到那位客人，我一定要让他安度晚年。"

他还说："这也是一次教训，谁叫自己不谨慎？父亲曾多次告诫我，要做男子汉，就要'失意不能灰心，得意不能忘形'。顶天立地的男子汉，第一是要能吃苦，第二是要会吃苦。"

李嘉诚在茶楼里一泡就是两年。他对这段生活从来没后悔过。他说，茶楼是三教九流聚会的地方，各种各样的人，各种各样的事，都能看到听到。久而久之，就使他练出了一种眼光，一个人是从事什么职业的，他的性格特征、生活习惯、为人处世，一见面就能猜出个八九不离十，也知道了该怎样与这样的人相处。他读书不多，但是学会了利用环境观察别人，这也算是一个社会心理学！这个阶段所练出的本领，对他一生的事业都起到了很大的作用。

贫困的生活使李嘉诚过早地成熟了。

来往茶楼的客人里，最让李嘉诚羡慕的是实业家。他发奋向上的欲望越来越强烈，发誓也要做一个实业家。事实上，经历多年的摸爬滚打，他终于获得了无尽的成功……

我们总说，现在的孩子缺少挫折训练。那么，我们怎样做，才能培养高 AQ 的孩子呢？

1. 让孩子从小学会"等待"

在孩子七八个月左右，当孩子有一定要求时，我们就要让孩子学会"等待"，例如：给孩子吃奶时，告诉孩子奶凉了才能吃；给孩子一块包糖纸的糖，告诉孩子自己剥开才能吃到糖；去商店买东西或排队上汽车时，告诉孩子必须遵守规则排队才能达到自己的要求。

2. 让孩子从小学会做事"善始善终"

孩子做任何一件事，必须要善始善终。如果是玩玩具，那么过后就一定要分类放回原处，不能有任何理由不去做。如果有的事孩子完成有困难，家长可以和孩子一起做。当孩子克服困难完成了，一定要给予表扬，来巩固这种行为，养成好习惯。

3. 让孩子从小学会"言必行，行必果"

当孩子小的时候，大人做事或答应孩子的事，一定要信守诺言。当孩子 3 ～ 4 岁时，除了家长要做出诚信的榜样外，也要教育孩子应该信守承诺：凡是答应小朋友的事，不管遇到什么问题，也要履行承诺。但是由于孩子的思维的局限性，家长也要适当地提醒和协助孩子。

4. 让孩子学会保持"愉快乐观"的情绪

让孩子保持每天都有好心情，除了给予孩子爱以外，还应该有适当的惩罚手段，不能使孩子养成任性、自私、怕苦、怕累的坏习惯 (实际上这也是一种挫折训练)。当然这一切也必须从小定下规矩，让孩子遵守。还要鼓励孩子讲出每天、每件事的感受，对于积极的情感给予赞扬，对于消极的东西给予疏导。保持终日的好心情有助于孩子的身心发展。

5. 让孩子从你的态度中学会"自信"

鼓励孩子自己处理自己的事情。经常交给孩子一些完成时有一定困难的任务，给予孩子充分的信任，即使做坏了或者造成一定损失，我们也应该鼓励孩子，积极帮助孩子找出问题所在，再重新开始。告诉孩子：你一定能行！家长信任，孩子自信，孩子就一定能够完成家长交给的任务。

6.不要轻易满足孩子的要求

当认为孩子确实是需要的，那么就要给孩子提出，要想得到这个东西，就必须要自己付出。只有经过自己努力获得的东西，才是最好的，也会成为孩子最珍惜的东西。

7.鼓励孩子的进取心

我们交给孩子任何一项任务，不但希望孩子能够完成，而且希望能够有所创造，不要满足取得的成绩。因此向孩子交代任务时，也要诚恳地说："妈妈希望你比别的孩子做得更好（或比你从前做得更好）。"例如："你今天用积木搭的小房子非常漂亮，可惜被小朋友玩塌了，还能搭一个比这个更漂亮的吗？让小朋友也学学！"

经过这样的训练，提高了孩子的 AQ，使得他以后在困难面前，有着一股坚韧的意志，能够最大限度地发挥自己的潜能。

单亲家庭

同一天空下，幸福家庭的孩子在父母的教育呵护下，享受着童年快乐的时光；单亲家庭的孩子在成长的过程中，却因为缺少了父爱或者母爱，而有着与普通孩子截然不同的成长经历。

瑞典近日公布的一项调查结果显示，单亲家庭的孩子患抑郁症的可能性比一般家庭的孩子要高两倍以上。这是在瑞典全国人口中进行了近 10 年之久的调查后得出的结果。

在此期间，瑞典有关机构先后对 6.5 万名单亲家庭孩子的死亡、疾病和致残等情况进行了调查，并与 92.1 万名在双亲家庭中生活的孩子的状况进行比较。其结果表明，单亲家庭的孩子患心理疾病的危险在增加。单亲家庭的孩子除了患抑郁症的可能性比一般家庭孩子高，更容易染上酗酒和吸毒的恶习。此外，还时常发生自残和自杀等行为。

更有一份对全球 400 多位成功企业家的问卷中，超过 3/4 的人承认，母亲在他们早年生活中的影响巨大。许多优秀的企业家都成长于女性单亲家庭。例如，Mesa 石油公司的布恩皮金斯、假日酒店的克曼威尔逊和联邦捷运公司的弗莱德史密斯。在多数个案中，单亲家庭起因于父亲过早离世。死去的父亲受到崇敬，但儿子在很小的时候就成为母亲的"强壮的男子汉"。这类家庭中的孩子懂事早，更重要的是他知道他的生活中没有保护伞。父亲不在身边的另一些原因，可能是父母离婚或父亲因职业需要常年在外奔波。这些家庭同父亲早逝的家庭类似，母亲培养了未来的企业家，她帮助孩子树立了为帮助母亲就必须努力学习和工作，为让母亲感到自豪就要在事业上获得成功的观念。

在美国，《花花公子》杂志可谓举世闻名，无人不知。其创始人休海夫纳亦有"花花公子"的美称。无论他在哪里露面，身边总有美女相伴。

然而，这个风流的父亲却有一个"严肃"的女儿，他的女儿克里斯蒂海夫纳是个很传统、很单纯的女孩子，在美国的富豪家庭中，像她这样的女孩子也是少见的。

克里斯蒂出生于 1953 年，小时候，她就深深地感到父亲的风流名声给家庭和她个人生活带来的阴影。最初，休海夫纳的杂志社是设在自己家中。赚了钱后，他买了一间写字楼，把杂志社搬进去，自己也弃家不顾，整天过着花天酒地的生活。他的妻子不能忍受丈夫的所作所为，与他分居。5 年后，他们办理了离婚手续，克里斯蒂由母亲监护教育。

父母的离异使得克里斯蒂从小就锻炼出自信、坚强的个性。

休海夫纳虽然是个不称职的父亲，但他对儿女却视若至爱。离异之后，他定期去看望女儿和儿子，而且每月两次带他们到自己的公司来相聚。

每次当克里斯蒂到来之前，海夫纳总要将公司做一次大的"清理"。那些女郎暴露的照片统统被收藏起来；《花花公子》杂志也被"封锁"到各个角落。他身边那些穿着太少的女郎们也被勒令穿上整齐的长裙。每次克里斯蒂的到来都像迎候英国女皇，杂志社上自海夫纳，下至打字员，个个都严肃矜持。这位倚红偎翠的父亲也懂得保护孩子纯净的心灵，不愿心爱的女儿受到性的骚扰。

尽管如此，克里斯蒂仍旧非常厌恶他父亲手创的杂志《花花公子》，上中学时，她想方设法不让同学知道她是海夫纳的"千金"，怕人家把她和那本"名声不好的杂志"联系在一起。

1975年，她在美国布朗迪斯大学就读，学习成绩优异，父亲对此非常赞赏。早在克里斯蒂上大学以前，休海夫纳就发现女儿在文学方面有着较高的天赋，适合办杂志。那时，他就暗暗打着主意：今后，自己的事业也只有交给克里斯蒂，所以，他着意对女儿进行培养教育。他也知道克里斯蒂对这份杂志的看法，但他已经创下了偌大的一份家业，不交给她，还能交给谁呢？他惟一的希望是她不至于葬送这份杂志。海夫纳对女儿的能力向来是充满信心的。克里斯蒂对父亲也很尊重，她听到人们评论父亲的"花花"行为，便忍不住要为他辩护。在大学里，她曾对报界人士说，人们只看到她父亲的表面形象。她说海夫纳是一个工作狂，每天工作时间都在10小时以上；说《花花公子》是他的事业，应该看到他的那种超乎常人的敬业精神……

虽然，克里斯蒂拿起那本杂志，那里面的裸女玉照仍不免使她脸红，但随着年龄的增长，她开始正视父亲的事业，担任了公司的董事和副总裁。到1982年，海夫纳便彻底将权力移交给女儿了。

克里斯蒂接替总裁职务的时候,正是《花花公子》日薄西山的时候。这份杂志创办二十多年来,海夫纳个人资产从零开始到 1975 年已是数以亿计。这个时期是海夫纳飞黄腾达、财运亨通的时期。

美国《纽约时报》记者杜德莱弗里曼曾写过一篇关于海夫纳如何成为超级暴发户的报道,称这份杂志为美国出版业红灯区销路最广、销量最大的色情杂志,它给原来一贫如洗的休海夫纳带来了巨大的财富。

《哈利波特》系列儿童小说作者 J.K. 罗琳在创造"哈利波特"这个炙手可热的小巫师的同时,她本人也成为全球最炙手可热的人物之一。而几乎成为她的传奇之一的是,在文学造诣和运气带来巨大财富之前,她作为一名穷困潦倒的单身妈妈,在拉扯年幼女儿时遭遇到种种难处。近日,她更是以"单亲家庭大使"的身份强烈呼吁英国政府为 100 多万个生活在贫困中的单亲家庭改善处境,她还借放映电影《哈利波特与魔法石》之便,为单亲家庭筹集了 56 400 美元。她坦言说:"单亲家庭是我们社会中最可怜的群体。"

现在一些离异家庭的孩子多表现出更多的孤僻、多疑、敏感、自卑等性格倾向。到了青春期,男孩易于表现出暴力、放纵,女孩易表现出过早涉入异性情感且比较沉迷的倾向。

其实,单亲父母的态度是影响孩子成长的关键性因素。总结以往经验,专家为单亲的父母们提出以下建议:

1.我们的家庭的确发生了变化——真诚面对孩子的问题

孩子是敏感的,会感受到家庭的变化。所以,不要企图隐瞒发生了什么,那样会增加他的不安,失去对家长的信任。作为家庭的一员,他有权利知道家庭破裂的事实,这有助于他勇敢面对。

2. 离婚不单是谁的错的问题——避免受害者心态

不要向孩子控告对方的无情和不负责任。不要试图将自己的创伤作为孩子今后成长的借鉴。孩子需要从更客观的角度去看待世界，他们有自己探索和憧憬的权利。"妈妈不要我们了""男人都是坏东西"之类的语言，会使他们失去对世界的信任和对未来的信心。

3. 与孩子共同担起家庭的责任——避免补偿心态

物质和娇纵都无法替代精神上的缺失，对孩子的溺爱并不是补偿，相反可能是任性、暴力的来源。单亲的孩子需要更早地承担责任，走向成熟。

4. 别将孩子与婚姻一起画上句号——不要放弃做父母的责任

婚姻结束，并不等于对孩子的责任也结束了。将孩子扔给自己父母的做法也许是不得已，但是，你的孩子则可能因为祖（外祖）父母的宠爱，缺乏约束，或因被嫌弃而走上歧途。

5. 孩子不是人生的赌注——积极寻找自己的新生活

别将一次婚姻的失败当作人生的终结，别将自己的希望全部放在孩子身上。一个成人如果不能勇敢地面对失败，从头再来，孩子稚嫩的肩膀又如何能够承载两代人的重托？成长不光是孩子的事，只有你的榜样，才会给孩子带来真正的生活勇气和力量。

单亲孩子的健康成长更多地要靠父母的态度和力量，希望通过家长的努力，使更多的单亲孩子能够走出家庭破碎的阴影，走上自信快乐之路。

做个好爸爸

孩子早期意识和行为的形成，很关键的一个因素在于观察和模仿父亲的言行，并接受父亲的规范要求。因此，优化孩子人格，也是父亲应承担的责任。成功的父亲应该懂得：做一个好父亲比当 CEO 还有成就感，因为对孩子而言，父亲是最伟大的！成功的爸爸应该懂得：教育孩子只要精神不滑坡，方法总比问题多。

爸爸的品质、智商水平、情商指数直接决定了一个家庭的幸福程度、一个孩子的快乐指数、一个婚姻的安全与质量。所以，做好当父亲的准备，培养孩子要有正确的心态，不以自己的模式塑造孩子，爱妻子就是爱孩子，让孩子养成良好的习惯，不吝啬对孩子的父爱，学会赞美你的孩子，身体力行比什么都重要，保护好孩子的天赋——掌握这些绝招，你就是下一位好父亲！

1. 同孩子一起欢度幸福时光

爸爸同孩子一起消磨时光会让孩子感到自己对于爸爸的重要性。在孩子面前如果你总是忙忙碌碌，无论你说什么孩子们都会感到他们受了冷落。关爱孩子就意味着要牺牲自己的一些其他爱好，但是最本质的是要多花时间同你的孩子呆在一起。孩子会很快长大。要知道，机不可失，时不再来。

2. 赢得孩子的倾听权

当孩子们做错事情的时候做爸爸的会更经常同他们进行交谈。这就是为什么当母亲说话的时候众多孩子都随声附和的缘故，"你爸爸想同你谈一下。"当孩子还很小的时候你就开始同他们交谈，这样一来当他们长大后很多棘手的问题就变得容易处理了。花点时间去听听他们的意见和烦恼吧。

3. 用爱心去培训他们

所有的孩子都需要指导和培训，而不仅仅是惩罚，但是要适可而止。要提醒孩子们应该去做哪些事情，然后要对他们的积极行为给予针对性的奖励。作为爸爸必须以冷静和公平的态度向孩子表示出自己的关爱。

4.做一个真正的模范

无论做爸爸的是否意识到，他们都是自己孩子心目中的榜样。一位在爸爸爱心伴随下长大的姑娘就懂得她应该受到男孩子的尊重，以及将来要找一个什么样的丈夫。爸爸可以通过阐述诚实、谦逊和责任来教育儿子在生活中什么事情最重要。

5.做一名好教师

有很多爸爸都认为教育是其他人的事情。但是如果一位爸爸能够教育孩子明辨是非，并鼓励他们无论干什么都要全力以赴的话，他就会看到自己的孩子可以做出明智选择。密切关注孩子们的爸爸们可以使用日常生活中的榜样来帮助自己的孩子们学会生活的基本常识。

6.以家庭的形式经常聚餐

共同聚餐(早餐、午餐或者晚餐)是健康家庭生活的重要组成部分。除了是繁忙一天中必须做的事情外，这也会给孩子们提供一个机会来谈论一下他们正在做和想要去做的事情。这也是你亲自聆听和给予孩子指导的绝佳机会。更重要的是，这是每天家庭成员的聚会时刻。

7.为你的孩子阅读故事书

在这个电视主宰孩子生活的世界上，作为爸爸给孩子们阅读故事就显得更加重要了。孩子们亲自去做，阅读，观察和聆听，他们会学到各种知识。在孩子年幼的时候就给他们阅读故事。当他们长大成人后，鼓励他们自己去阅读。慢慢向你的孩子灌输爱，因为阅读是确保他们一生中个人成长和事业前进的最好的途径之一。

8.表现出慈爱

孩子们需要安全感，而安全感则来自于被自己的家庭需要，接受和关爱。父母，尤其是爸爸，应该感受到拥抱自己孩子是每天都表现出慈爱，让你的孩子知道你爱他们的最好方法。

9.尊重孩子的妈妈

爸爸要去做的最好事情之一是尊重孩子的母亲。爸爸和母亲应该相互尊重，并让他们的孩子们清楚地意识到这一点，为他们营造一个安全环境。当孩子们看到自己的父母相互尊重的时候，他们就更有可能感受到他们也被认可和尊重。

10.意识到爸爸的工作是永远也干不完的

即使自己的孩子已经长大成人并准备离开家庭，他们仍然会向自己的爸爸寻找智慧和建议：是否要继续学业，找一份新工作或者结婚。即使这些孩子长大，或许已经结婚并有了自己的小家庭，爸爸将继续在孩子们的生活中发挥实质性作用。

专家这样告诉你：怎样培养孩子乐观的态度

乐观是人们需要永远携带的加油站。然而孩子并不能因父母期望他们快乐就自然而然地能体验快乐。同时，孩子的快乐也不一定是由物质引发的。乐观需要父母的培养和精神上的支持。

1.快乐的父母，也会感染孩子

孩子从成人那里得到快乐，会使他相信成人。养育孩子的过程也是父母不断充实与学习的过程。父母不仅要尽量在孩子面前表现出乐观，营造快乐的气氛，更重要的是要真正拥有一颗乐观的心。父母乐观处世的实例是孩子最好的教科书。

2. 在有意义的活动中感受快乐

快乐最重要的来源是成就或创造的成果以及完成了有意义的活动。

快乐随完成某种成就的努力而产生。例如孩子蹒跚从远处走到母亲面前，他体验着的是真正的快乐，因为他做完了一件事情，他得到了成就。在成功中，孩子得到快乐的同时，也体验到了力量和信心，有助于自我的肯定。因此快乐是一种动机力量，有利于个人的成长。

另外，快乐不是个人追求的直接结果，我们也不能交给孩子如何去快乐。在生命长河中，人们会从自己的成就中获得快乐。

让孩子参加游戏，同他人玩耍，让儿童在自己的活动和活动成果中体验，从中得到对世界、对社会和他人的信心和自信，得到对人宽容和忍耐的力量。

3. 不要压抑孩子的快乐

快乐是一种基本的情绪，人本性中就有快乐的成分。孩子在出生后的两个月左右，就会微笑。对于孩子的想法、兴趣爱好，做家长的不要过分限制，压抑孩子的天性。尤其是在学龄前，应尽量给孩子一个自由自在的活动空间。

4. 对孩子不要感情冷淡

从小无感情体验和感情依恋的孩子长大后不会对他人施以爱和同情，他们将养成冷漠无情的性格：很少体验快乐，难以与人相处，当然也就不会具有乐观精神。

不论父母的工作有多繁忙，都要尽量抽出时间来陪陪孩子，让孩子感受到父母的爱。

不要依赖于孩子的祖父母，甚至保姆。也不能把所有教育孩子的责任都推卸给老师。

5.保持一颗平常心

乐观的人可以坦然地面对一切：成功和失败，痛苦与幸福。现在的孩子多是在温室中长大的，经历的风雨不多，意识不到艰难的存在，更别说怎么去面对了。

让孩子接触各类事物，接触的事情多了，见多识广，心胸自然就开阔，悲观思想便不容易产生了。用平静的心态去对待，并不是消极地面对世界。要让孩子积极参加各种活动。开始时，可以暗示孩子主动提问，主动要求，主动学习。紧接着，当孩子主动行动了，父母要用表扬、奖励等方法强化孩子的自主观念。孩子主动去做了，不一定成功。父母要激励孩子，告诉孩子："人生不如意事十有八九。失败了一次不要紧，失败是成功之母。"

怎样克服胆怯，增强自信

孩子有自信心，才能更好地表现自己，才能变被动学习为主动，才能让学习变得快乐。一些胆子小的孩子由于性格及外部因素使然，往往显得信心不足，这非常不利于他们今后的发展。因而，培养孩子的自信心是非常重要的。如何培养孩子自信心，以下的一些方法值得实践：

1.多用微笑

在孩子看来，家长的笑是对自己的肯定，表示"爸爸妈妈喜欢我"，它会使孩子情绪愉快，信心十足，所以要常常对孩子微笑，更应注意对情绪不是很好的或自信心较弱的孩子微笑。只有这样，孩子才会感觉到父母非常爱他，认识到他是很棒的一个孩子，孩子的学习热情与自信心自然就在潜移默化中得到提升。

2. 多用鼓励

大家都知道受到别人的表扬，孩子会特别高兴。这有利于他们肯定自己，树立信心。所以，不论什么时候，家长只要发现了孩子的闪光点，都要学会鼓励与肯定，让他们更自信。

3. 多给机会

自信心弱的孩子往往不主动争取活动机会，比如不主动举手发言，活动时往往选择退缩或拒绝参加。为此，在社会活动与教育活动中的时候，家长和教育工作者要经常有意地请那些自信心不是很足的孩子回答问题，或者进行表演，为他们创造更多的机会，鼓励孩子尝试。

4. 相互帮助

自信心弱的孩子往往遇到困难就退缩，容易放弃努力或改变目标。这些孩子最需要的是帮助和引导。所以，当孩子遇到解决不了的问题时，当孩子遭受挫折准备退缩时，当孩子有意逃避挑战性的活动时，家长和教育工作者要鼓励他们相互帮助，共同解决。

5. 自立训练从孩子开始

美国很多孩子从婴儿时期就独居一室。孩子长到三四岁，有了害怕的心理，家长就给买一种很小很暗的灯，彻夜亮着，以驱逐孩子对黑夜的恐怖。晚上睡觉前父母到孩子房间给孩子一个吻，说句"孩子，我爱你！晚安！做个好梦！"就回自己的卧室了。孩子就抱个布狗熊、布娃娃之类的玩具安然入梦。

6. 绝不总是围着孩子转

美国人很爱孩子，但不会总是抱着，盯着孩子。六七个月的孩子就自己抱着瓶子喝水，喝奶，大一点就自己学着用刀叉吃饭。孩子常常把食物撒在桌上、地上，但父母决不喂，总是让孩子自己吃。孩子做游戏也是自己一个人做或跟小朋友一块做，很少缠着父母。父母外出旅游，把很小的孩子就交给祖父母或花钱寄放别人家，请人带几天。家里办晚会或去参加别人的宴会，也看不到家长总牵着自己的孩子。

7. 让孩子接受锻炼

工程师杰姆斯带着 3 岁的儿子到城外 10 公里的乡下看望父母。吃过晚饭，天已黑，进城的公共汽车已经停发。如果住下，明天再回城也合乎情理，而杰姆斯却带着儿子步行回城。儿子走一段，他背儿子一段，就这样摸黑回到了家里。为什么这么做？杰姆斯回答说："为了使儿子从小熟悉黑暗和吃一点苦。"

8. 教孩子使用工具

美国家长教孩子从小认识和使用各种工具及电器。父母经常对孩子说："你应学会用这些工具，有什么东西坏了，你就可以自己动手去修理。"工具包括手锯、刨子、锉刀、螺丝刀、钳子等。父母教给孩子这些工具的用途、性能，让孩子掌握操作要领，并鼓励孩子在日常生活中使用它们。五六岁的孩子，父母就要教他们使用煤气灶、电炉和洗衣机。家里东西无论哪里出了毛病，父母都鼓励孩子大胆尝试自己修理。

9. 教孩子适应环境

约翰柏拉姆夫妇假日里常带着 8 岁的儿子与 5 岁的女儿到山区旅游。每遇山涧需渡过时就叫儿子观察水势，寻找最浅、水流较缓的涉水点，然后由父母决定是否可行。如果选择不当，就讲明道理，并教孩子怎样识别水深及流速。上山时，他们从不乘坐缆车，而由孩子选择登山路线。途中遇到陡崖峭壁，让孩子判断有无危险，是否攀登，并问孩子该怎样保证安全。经过多次跋山涉水的实践，孩子自然不怕山高水急，也敢冒险了。

10.进行自我保护训练

时装设计师密契尔有一个 10 岁的女儿和一个 7 岁的儿子，他带他们上街时，随时随地教给孩子交通规则并嘱咐其他注意事项，说明怎样走危险，怎样才安全。许多家长还叮嘱孩子记住必需的电话号码，如：父母的单位电话、警察局电话、消防电话、医院电话等。

有了以上几种方法，只要持之以恒，争取给孩子创造宽松的空间，孩子们的自信心就会不断得到提高。

自信心——孩子成功的源泉

自信心对一个人一生的发展，无论在智力上，还是体力上，或是处世能力上，都有基础性的支持作用。

随着孩子年龄的增长，知识经验的丰富，他们越来越对自己的力量和智慧满怀信心。孩子们渴望帮助大人或单独去干一件事，以证明自己的存在和价值。然而，孩子们的自信心又是非常脆弱的，需要父母的关心，保护，否则便会凋谢，枯萎。

为此，建议家长：

• 鼓励孩子去尝试他（或她）想干的事情，而不应怀疑孩子的能力，以免打击孩子的自信心。

• 要注意以孩子现有的能力为基础，引导孩子在分析失败原因的基础上，再尝试一次。

• 创设尽可能的条件，让孩子体验成功的快乐。

• 在家庭中，父母应尽量提供机会，帮助孩子自己解答问题。

• 适时鼓励孩子参加一些竞争性的文体活动，如足球比赛、书法比赛、演讲比赛等。

退缩与孤独是孩子成长过程中经常会发生的现象，是孩子自卑心理的特殊表现。自卑心理,有的是与生俱来的,有的是由于连续的挫折、失败造成的。自卑心理既可以成为孩子奋发图强、长大成人的内在动力,也可能发展成为极端,导致孩子退缩与孤独。所以当孩子有这种现象时,父母应设法协助他(或她)克服自卑,建立自信,发展人际关系。

因此,建议家长:

• 赞美孩子的优点,肯定他(或她)的专长,建立其自信心,克服自卑。

• 帮助孩子养成在失败中学习解决困难的习惯与勇气。

• 教孩子克服退缩与孤独,去面对问题或与人交往。鼓励或陪伴他(或她)去尝试。先教会孩子解决该项事情所需的能力。

• 安排一位性格开朗、适应能力较强的同学帮助、带领您的孩子参加正常活动。

• 提供一些教人发奋图强的书籍,介绍名人成长的书籍,使孩子汲取自信的力量。

美国家长处罚孩子的"法宝"

孩子调皮或不守"规矩"往往令父母头疼,这时,中国父母大多会用责骂或体罚的方法来惩治孩子。其实,这是一种不科学的教育方式,非但不能很好地解决问题,长此以往,还会造成孩子和父母之间关系对立。那么,美国家长是如何处罚淘气孩子的呢?以下介绍或许给中国家长有所启示。

在美国的家庭及孩子园中,父母和老师常常用一种叫作"计时隔离"的方式来"惩罚"一时不守规矩的孩子。例如:当孩子在家不听话瞎胡闹,或者和别的小朋友打架时,父母就会把他抱进他自己的卧室，让他独自呆上3分钟。3分钟后，父母会准时把他抱出来，并借机对他进行说服教育，督促其改正缺点。无论是在家中，还是在孩子园，这种教育方法都很有效而且对孩子具有一定的威慑力。这是什么原因呢？

首先，美国法律规定，小孩必须随时有成人陪伴和保护。在这种环境下，孩子很少有被冷落或孤立无援的情感体验，因此，一旦被隔离而受到"冷落"，必然会从心理上产生强烈的震撼。

其次，孩子一般都具有较强的从众心理和群体意识，把孩子从群体中隔离开来会使他们感到自己被区别对待了，从而产生一种"不平等"的感觉，孩子对此是非常敏感的。这也暗示他们：淘气是不为大家所接受的，只有听话、守规矩的孩子才会得到众人的喜欢。

另外，让淘气的孩子暂时离开，可以缓解大人和孩子的紧张气氛，使孩子能够冷静地反思自己的行为。

学习能力

LEARNING CAPACITY

父母和孩子之间的代沟是一个从无到有，从窄到宽，又从宽到窄，直到消弭的过程。

父母永远想教育好孩子。对于父母的教诲，孩子在不同时期有不同反应。

最初，孩子仰望父母，眼光里饱含崇敬："我爸爸什么都知道。"

有一天，孩子的心里有疑问了："爸爸说的好像不太对。"

渐渐地，孩子说了："他什么都不懂。"

又有一天，孩子的腔调变了："爸爸的话还真有点儿道理。"

终于，有一天他发现："怎么我对孩子说话的腔调跟当年老爸对我的腔调一模一样？"

直到这时，他才真正懂了几十年前爸爸的话。而当年父母为了孩子听不进去自己的话，不知捶胸顿足多少次。

对孩子的爱，使我们不想让孩子走弯路，于是我们把一生提炼的知识统统倒给后代。可惜，多数情况下并不成功。试想，当年我们的父母不也同样爱我们，同样谆谆教诲我们吗？到头来，我们不还是走了很多弯路吗？

我们想用自己走了弯路才真正体会到的道理，教给没有走过弯路的孩子，让他们避免走弯路，这本身就是一个悖论。

这样的尴尬在公司组织的学习中也屡见不鲜。一个飞机培训师提过，在飞机上偶然碰到几年前教过的学员，说起来他最近醒悟到了什么道理。而他所说的最近刚刚醒悟的道理，自己在几年前就教过他。

人是通过经历，自己学到知识，而不是被别人教授知识的。离开了经历，被灌输的知识是苍白的。难怪几年前学过的知识，几年后才有感触。直到那个时刻，知识才真正被理解了。

教育和指导绝对不是为了让对方"知道"一些事情，而是为了让被指导的对象真正会做一些事情，并且必须深刻理解背后的"究竟"，具备能力，从而在复杂的现实环境中能够灵活运用。能力无法教授，因此，教育指导的本质是塑造能够让被指导对象有所发现的环境，通过帮助被指导对象加工处理自己的经验，从而形成在现实中可以灵活运用的能力。

换言之，家长无法传递能力，只能通过传递经验使孩子从中总结知识，因而也就养成获取知识的能力。正如伽利略所说："你无法教人任何东西，你只能帮助别人发现一些东西。"

希望孩子的学习能力高，做父母的也必须对求知、学习有较高的兴趣，以给孩子留下深刻的印象，在耳濡目染中孩子会模仿效法。不爱读书的父母，是很难培育出爱读书的小孩的。全家人都养成在固定时间读书、做功课的习惯，就会培养出孩子读书的兴趣，以及自动自发学习的精神。

天下没有不爱自己子女的父母，但是爱要适时，适量。"权威"只能使孩子造成被动的学习行为，而非内心自发的自愿行为。研究证明，父母对孩子的关怀，有利于孩子的学习动机、态度的形成。真正的爱的教育，是关爱而不是放任自流，它能使儿童养成良好的学习行为表现。

心理学家多湖辉说："每当我成绩不好时，母亲就告诉我：'你的实力不只如此，还有很多未发挥的潜能，加油吧！'"通过母亲的鼓励，他竟然成为全班第一名。

发明大王爱迪生和得过诺贝尔文学奖的前英国首相丘吉尔，幼年时在学校均被视为低能儿、白痴，后来是由母亲或家人带回家教育，善加引导发挥其潜能，才有所成就的。

美国创意思考中心主任李察博尔也说："孩子缺乏思考力，父母应负七成的责任。"父母对子女的教育背负重大责任，同时也别小看自己的力量。

男孩女孩学习能力一样吗？

教育学家和儿童问题专家通过实验得出结论：男孩和女孩的学习方法和思维方式是截然不同的。

亲子班的算术课上，老师问："我这里有 3 颗红色的星星，大家想想看，要加上多少颗蓝色的星星才能变成 5 颗星星？"女孩子们听完老师的话，开始摆弄手中不同颜色的星星，数出 3 个红的，然后找蓝色的。

男孩子们却已经开始大声报答案了，各种各样的答案都有："4颗""8颗""5颗"。当然，当一堂课结束的时候，男孩子和女孩子都找到了正确答案。但课堂上男孩和女孩不同的表现，就充分显示了不同性别的孩子在学习过程中的差异。女孩子认真仔细地排出了 5 颗星星，男孩子们发挥想象，做出各种猜测。教育学家和儿童问题专家通过实验也得出了同样的结论：男孩和女孩的学习方法和思维方式是截然不同的。

两性在智商上没有什么高下，没有哪一种性别更聪明。专家指出：男孩和女孩应该受到平等的对待，但这并不意味着必须用相同的方法对男孩和女孩子进行早期教育。

一般来说，女孩子的生理和心理的发育较男孩子早1年左右。

男孩子的三维空间能力，如空间想象能力和运动能力（投掷、跳跃等）强于女孩子；女孩子一般开口说话较男孩子早，更早学会阅读和写字；女孩子手巧，在书写、画画、粘贴方面会超过男孩子。

是先天如此还是后天培养？是生理因素还是环境的因素造成了这些区别呢？没有人能够确切地说出原因，但是专家相信人们有意无意地对男孩和女孩给予了不同的鼓励，这对他们的不同成长优势起着明显的作用。

近年来，女孩和男孩的数学差异消失了。尽管高分者中还是男孩子占了多数，尤其是到了高年级，但是低分中男孩女孩的比率差不多。

专家在研究中发现，并不是女孩子学不好数学，而是她们的老师不相信她们能做得同男孩一样出色。在理科方面女孩子被寄予的希望值较低。

无视性别差异当然是不合适的，但确实需要根据孩子不同的性别特点把孩子的学习能力优势发挥到极致。

1. 怎样让男孩学得更好

男孩子在学习中从来就不是一个旁观者的角色。他们会主动提问题，打断老师说话，不论是婴儿时期还是童年期的男孩子都喜欢动手的活动，他们喜欢的玩具多是卡车、小汽车、积木之类，男孩子对几何的兴趣在他们对这些玩具的喜好中就悄然形成了。

男孩子不仅仅喜欢自己去触摸，去看，还喜欢自己去寻找答案，就像上课的时候，他们先是由着性子猜答案而不是像女孩子那样按照老师的要求循规蹈矩地做。即使说错了，他们也不会轻易丧失信心。男孩子的精力充沛，他们因而好动，思想不容易集中，但如果带他们去实验室让他们放开了自己动手，他们更容易达到要求。

2.怎样让女孩学得更好

在亲子班里，一般小女孩比小男孩更如鱼得水，她们比较擅长剪贴、分类等，也擅长使用铅笔，字迹清楚整齐。在扩大词汇量组织句子、拼写、阅读、看图说话方面她们也比男孩子有优势。

女孩子的注意力比较容易集中，在不同年龄段的男孩子和女孩子中，女孩子从事需要集中注意力的细致的工作都比男孩子完成得好。大多数女孩子在团队的环境中完成一件事比在竞争的环境中完成的效果要好。

让孩子对待学习就像看电视、玩游戏那样投入

培养孩子的学习兴趣，一直是我们家长最关心的问题。许多学习优秀的学生之所以学习成绩较为突出，并不是他们的天资比别的孩子高多少或者花费的时间多多少。他们的优势在于他们对学习的兴趣同样的高。所以培养孩子的学习兴趣非常重要。

韩国著名的三星财团的创立者李秉哲，这个来自乡村的有志者，靠着自己的奋斗，凭着小本起家，经过几十年的奋斗，创造出了一个著名的企业。他本人获得了"经济奇才""经济界的巨星"等美誉，还被美国的波士顿学院授予名誉经济学博士学位。

1910年2月12日，韩国庆尚道宜宁郡正谷面中桥里，地主兼乡绅李赞雨喜添新子。他已经有了两女一子，这是他的第二个儿子。

在传统的封建意识影响下，人们认为，一个儿子太单薄，两个儿子才保险。现在，他的愿望终于实现了，他怎么能不高兴呢？儿子呱呱坠地后，他为儿子取名为李秉哲。

李秉哲的家庭是一个书香门第世家。良好的物质条件和宽松和谐的生活，有利于儿童的健康成长和性格的形成。童年的李秉哲，天性活泼、头脑灵活、聪明伶俐，很招大人们喜欢。

在乡亲们的眼里，李秉哲聪明伶俐，头脑灵活，机灵过人；可是，在爸爸的眼里，他是个不成器的孩子。孩子们扎堆儿玩闹的事，他比谁都灵，可是，一谈到上课、读书，他就蔫了。饱读诗书，以育人为乐的祖父也拿这个孙子没办法。爸爸、祖父喜欢那种行为规范、上课认真、学习成绩好的孩子。李秉哲的顽童行为，完全不符合父辈的心愿。因此，稍大一些后，聪明好动的李秉哲从爸爸那里得到的常常是训斥和体罚，而不是喜爱和夸奖。

对学习毫无兴趣的原因并不完全在李秉哲自己，一方面是由于他对学习还未入门，另一方面是教学方式和内容都太陈旧了。学校教孩子们的仍然是传统的封建道德和古典人文知识。进入20世纪20年代的孩子，很难对这些古老的文化产生浓厚的兴趣。所以，孩子们对所学的东西，仅仅是应付而已。

就在李秉哲小学快毕业的时候，在一起玩耍的一个孩子告诉他，听一个亲戚讲，城里的新学校才好玩呢，那里不仅教给学生读书，识字，先生还给同学们讲故事，讲历史；上课之外，还玩球，做游戏。李秉哲听了之后萌发了到城里的新学校上学的念头。平时，李秉哲很害怕一向不苟言笑的爸爸，可是去新学校求学的想法促使他下决心去向爸爸提要求。

这一天，爸爸的朋友来访，他们谈得很投机。当送走朋友，爸爸正在高兴的时候，李秉哲向爸爸提出了自己的要求。

由于爸爸这时的心情好，而且听到了朋友夸奖自己的孩子，因此，当小儿子向他提出去城里读书的要求时，他没有立即表态，也没有生气和责骂，而是心平气和地对儿子说："在城里读书和在乡里读书不是一样的吗？"

"不一样。"李秉哲说。

尽管口气生硬，可是，爸爸还是没生气。他继续说："讲讲你去城里读书的理由。"

这时，李秉哲把早已想好的理由全讲给了爸爸，主要理由是，在城里和在乡里读书，都要交学费，可是，在城里却比在乡里学到的知识更多，而且，在城里，既能学到文化知识，又能见到大世面，开拓自己的视野，这对将来有好处。

听了儿子的陈述，李赞雨突然觉得小看了儿子。他已经不是一个顽劣乡童，而是一个会学习、懂得道理的少年了，应该让他到外面见见世面，想到这里，他答应了儿子的要求。

李秉哲如愿以偿，实现了去城里读书的愿望。去城里读书开拓了李秉哲的视野，也学到了不少现代科学知识，这是乡村学校所学不到的，这对他后来创建三星集团起了很大的帮助作用。

在心理门诊，我们经常会听到家长说孩子对学习没有兴趣，就是对玩感兴趣，那么，如何才能让孩子对待学习就像看电视、玩游戏那样投入呢？

1. 家长要从小启发和引导孩子的求知欲

孩子在 3 ~ 5 岁时特别爱问"为什么？""这是怎么回事？"面对孩子千奇百怪的问题，有的家长被问得张口结舌，有的则会不耐烦，不愿意被孩子缠得没完没了。

其实这些问题恰恰是孩子求知的萌芽，家长面对孩子一个接一个的问题，应该耐心地用通俗易懂的语言给孩子解释，引导孩子看专门给孩子看的百科全书，多带孩子到大自然中去，让孩子对一些物理现象有感性的认识。如果孩子没有问题，家长还要主动给孩子讲，不要以为孩子小，听不懂，其实在他们似懂非懂的时候，也能了解许多知识。孩子们的大脑是非常活跃的，家长们不能忽略从小对孩子的教育。

2.家长要充满热情地鼓励孩子的学习兴趣

曾有一位家长让自己两岁半的孩子学绘画，原因是培养孩子的兴趣，可当家长看到孩子把小鸟画成了个大黑疙瘩时，就忍不住说孩子："太笨了！画的是什么呀？"

家长这样的态度对孩子学习的积极性肯定有很大打击，因为家长是孩子心目中第一个权威的评价者，他们特别渴望得到家长的肯定，可是家长们往往没有意识到这一点，经常毫不负责任地、轻而易举地摧毁了孩子的求知欲。

当孩子做得好时，应适时表扬；可当孩子做得不好或者失败时，要先发现孩子有创造性的一面，然后再鼓励他们。

3.对于因学习困难而对学习不感兴趣的孩子，家长要耐心帮助孩子找到困难的原因，帮助孩子掌握科学的学习方法

有的孩子在课堂上注意力不集中，课后不会做作业，往往会受到家长的训斥，甚至打骂，这样必然会形成恶性循环。因此，对学习困难的孩子，家长在无奈之余可以找心理医生检查评定孩子的学习能力，发现孩子的问题所在，用科学的方法来矫治。

观察力

观察是一个人认识事物的重要途径，是智力活动的基础，是完成学习任务的必备能力。观察是"聪明的眼睛"，没有敏锐的观察力，就谈不上聪明，更谈不上成才。细致是培养观察的基本要求，准确是

观察习惯的根本，全面是观察的基本原则，发现特点是观察的目的。

但现实生活中，有许多父母不注意培养孩子的观察力，没有把观察力的培养放在应有的位置上。这样最大的弊病就是抑制了孩子思考能力的提高。

俄国生物学家巴甫洛夫说："观察，观察，再观察。"培养孩子观察的习惯，对发展孩子的智力是十分重要的。

在我国，知道丰田英二的人不多，但几乎人人都知道丰田汽车。丰田英二就是丰田汽车的开发者之一，曾任丰田财团的首脑，并被称为"汽车巨子""改造日本的大企业家"。有人说，他以自己的人格、公平的精神和技术上精益求精的创造意识，再现了"丰田王国"。

1913年9月12日，当丰田英二随着一声啼哭来到这个世界的时候，就像上苍为干渴的丰田平吉送来了及时雨。对于这个盼来的孩子，父母自然更亲。丰田英二不仅是父母期盼已久的结果，而且是父母在痛失长子后的结晶，所以，父母对他倍加宠爱。童年的英二在受宠中迎来了不幸，当他还只有6岁的时候，母亲抛下了他、3岁的弟弟和刚出生3天的妹妹去世了，这给了英二很大的打击，但同时也促使他尽快成熟起来。

童年的英二，学习非常刻苦，在学校里的成绩一直非常优秀，而且对周围的一切事物都很感兴趣。

英二读小学二年级的时候，利用放假的机会，随伯父佐吉到中国上海玩了一趟。20世纪20年代的中国上海，已经很殖民地化了。英国人、法国人、德国人都在这里强占地盘，设置租界。上海的商品市场充斥着各国的洋货。而大街上跑的是中国的人力车和外国的各式汽车。

英二到上海后，跟随伯父上街，被来来往往横冲直撞的汽车吸引住了。这些像甲壳虫一样的东西，下面装上4只轮子，就能到处乱跑。

在上海期间，英二跟随伯父上街，也少不了乘坐汽车。这么多的汽车和乘坐汽车的感受，在日本时英二还未体验到。

于是，他对这种4个轮子的机械产生了浓厚的兴趣。每天随伯父上街，他必定仔细观察来来往往的汽车。他们在上海住了半个月，在这当中，英二经常独自一人跑到大街上，观察来来往往的各式汽车，直到深夜。对汽车的迷恋深深地印在了英二童年的心中。

时隔不到半年，英二的爸爸丰田平吉出国联系业务，归来时带回一辆德国生产的电瓶汽车。这种车的动力系统不是引擎，而是电瓶。在外形上，这辆车和一般的小汽车没有多大差别。回国后，到警察局去申领牌照时，警察局还没有这样的牌照，不得不暂时发给他一块摩托车牌照凑合着用。

电动车尽管在速度和使用上都不如尽人意，但是，还是给对汽车充满兴趣的丰田英二带来很大的乐趣，使他对汽车的迷恋更加强烈。

尽管对汽车的喜欢达到了迷恋的程度，但英二却从来没有去动过汽车的方向盘，他对汽车的观察很细，注意到了一般的汽车和爸爸带回来的电动汽车的差别，还能够分清汽车和电车的档位，但却没有动手去开汽车。看来他对汽车的兴趣不在于占有和驾驶，而在于了解和研究。

一天，当他的爸爸看到他又在研究汽车时，便引导他道："孩子，你知道汽车是怎么制造的吗？""是由汽车厂的工人制造的。"英二答道。

他的爸爸笑着继续追问道："那么，它们是用什么制造的呢？又是如何制造的？"这下问得小英二哑口无言。

见英二不能回答，他的爸爸解释道："这首先得由地质学家发现矿石，然后再由冶炼学家将矿石冶炼成钢铁，接着再由汽车设计学家设计出模型，最后才由工人按照模型将钢铁制造成各种各样的汽车。

在这当中经历了许多程序，需要各种知识，因此，要研究汽车，现在就必须学好各种知识，为将来打好基础。"

"啊，原来这么复杂！"英二想道。英二对汽车不由得更加感兴趣起来了，他也下定了决心，为了将来能研究汽车，现在要好好学习。爸爸的这番话对后来英二投身汽车制造业产生了深刻影响。

巴甫洛夫说过："在你研究、实验、观察的时候，不要做一个事实的保管人。你应当力图深入事物根源的奥秘，应当百折不挠地探求支配事实的规律。"这就是说，巴甫洛夫主张观察不但要准确，而且还应达到能透过现象看本质、力图深入事物奥秘的程度。

观察能力达到准确无误并透过现象看到本质的功夫，并非一日养成。比如，艺术家有一种艺术家特有的眼睛，人们认为是白色的墙壁，画家的眼里却认为是红色的、黄色的、蓝色的；博物学家能一眼认出动物、植物的种类；检测员则能从建筑物的外形上识别其不同的结构；当你沾沾自喜地认为买到一件"十分满意"的商品时，商品质检员一眼看出它是一件拙劣的仿制品……

牛顿的孩提时代，对各种事物都喜欢仔细地观察，而且都力图透过现象看本质，把不懂的地方彻底弄明白：夜晚，牛顿仰望天空，凝神注视那眨着眼睛的大大小小的星星。心里想：这星星月亮为什么能挂在天空上呢？刻卜勒说，星星、月亮都在天空转动着，那它们为什么不相撞呢？刮大风了，狂风裹卷着沙石，人们都躲进了屋子里。牛顿却冲出屋子，独自在街上行走。一会儿，随风前进；一会儿，逆风行走。他要实地观察顺风与逆风的速度差，到底有着何种本质的差别。

像牛顿那样，观察能力较强的孩子，观察问题也能透过现象看本质。比如，有的孩子写作文《我的妈妈》，他不仅注意到了妈妈的音容笑貌、言谈举止，还能通过这些现象，发掘出妈妈的内心世界来。

有的孩子观察大自然的景色，不仅注意到花草树木、云彩以及鸟类的活动、土壤的变化，还能从这些变化中找出哪些景色是春天到来的象征，哪些景色是寒冬来临的预兆……

父母在鼓励孩子勤于观察的同时，还要注意帮助孩子善于观察。著名哲学家黑格尔认为：培养观察力的最好方法是教他们在万物中寻求事物的"异中之同或同中之异"。

父母怎样培养孩子的观察力呢？我们的建议是：

1. 明确观察目的

孩子对观察的任务的了解直接影响观察的效果。观察目的越明确，孩子的注意力就越集中，观察也就越细致，越深入，观察的效果也就越好。孩子在观察中，有无明确的观察目的，得到的观察结果是不相同的。比如，父母带孩子去公园，漫无目的地东张西望，转半天，回到家里，也说不清看到的事物。如果要求孩子去观察公园里的小鸟，那么，孩子一定会仔细地说出小鸟的形状、羽毛的颜色、眼睛的大小、声音的高低等。这样孩子就能有的放矢地去观察，从中获得更多的观察收获。

2. 激发孩子观察前的准备

特别是有关知识的准备，以便让孩子看得懂；同时要激发其求知欲，培养其观察兴趣。兴趣是最好的老师，有了浓厚的兴趣，孩子就会主动去认识事物。父母可以引导孩子观察他最熟悉的、最喜爱的、特征比较明显的、容易辨认的事物，激发孩子积极观察的强烈愿望。

3. 给孩子一个正确的观察方法

观察的主要方法有：

综合观察法。即先局部后整体或先整体后局部的观察方法，以达到对观察对象全面正确的认识。

动静观察法。动态观察指按先后顺序或方向位置观察物体的变化；静态观察指按物体的颜色、形状等进行观察，建立基本数学概念，理解数学法则。父母要指导孩子学会动静结合观察法，为孩子以后看图数数和看图列式打下基础。

对比观察法。比较是一个鉴别的过程，只有通过比较才能提高孩子的观察能力。比如，让孩子观察其他孩子的绘画作品，并同自己的作品进行比较，肯定好的，指出不足。

反复观察法。对于某一动作可让孩子进行重复观察，这种方法可以强化孩子大脑皮层形成暂时性的联系，并能使各个暂时性联系之间相互贯通，逐步形成动作的连贯一致。反复观察能形成孩子对事物的整体认识，并掌握复杂的难度较大的各个环节。

顺序观察法。事物的发生一般都有一个先后顺序，如植物的生长。让孩子认识一个事物发展的全部过程，建立一个完整的概念，使孩子养成按顺序观察的好习惯。让孩子有顺序地观察，能使他们有条理地思考，达到思路清晰，言之有序，逻辑思维能力增强。一般来说，观察是由近及远或由远及近，从上而下或从下而上，从左到右或从右到左，先中间后四周或先四周后中间，由表及里或由里及表等。

重点观察法。在事物完整的发展过程中，必定有一个环节是主要的，如植物生长是其从生到死过程中的最主要的环节，这个环节是重点观察的对象。这些训练对培养孩子抓主要问题，抓中心环节，掌握大局都有好处。

4. 让孩子见多识广

观察力的高低与孩子视野是否开阔有关。孤陋寡闻的孩子，缺少实践的机会，观察力必然受到影响。看到同样一种现象，有的孩子能说出许多，有的孩子却说不上几句，这是什么道理呢？这与孩子学习知识的情况有关:知识学得扎实，道理融会贯通，观察问题就比较深刻。

可以说，观察力基于知识与经验，而知识与经验的丰富与提高又会反过来促进孩子观察力的发展。

思维力

一个人智力水平的高低，主要通过思维能力反映出来。那么，什么是思维？什么是思维力？怎样培养孩子的思维力？每位家长对此都应该有正确的认识，并且在教育培养孩子过程中自觉地采取措施，让孩子变得更加聪明。

思维，就是通常说的"思考""想""动脑筋"，是人的大脑对客观事物的认识过程。人们对客观事物的认识分为两个阶段——感性认识阶段和理性认识阶段。

比如，我们认识一个人，先是从知道他的姓名、长相，听他说话，看他做事开始的，以后逐渐对他了解得越来越多，直到认识他的性格特点、精神境界。这就经历了感性认识和理性认识两个阶段。使我们完成这个认识过程的核心因素就是思维。在感性认识阶段，人们也要"想"，但那是初步的，只有对客观事物获得了大量的感性材料时，人们才能通过分析综合，认识事物的本质特征，所以，思维主要表现在理性认识阶段。

思维力，就是一个人进行思维的能力。思维水平的高低，反映一个人的智力活动水平高低。它从不同方面表现出来:

独立性:思维力强的人，必定是善于独立思考的人。在学习中遇到疑难，在生活中遇到困难时都能独立思考，寻找答案。即使他请教别人，查阅资料，也是以独立思考为前提。

灵活性与敏捷性：思维力强的人，思考问题迅速而且灵活，不墨守成规，能比较快地认识、解决问题。

大家都知道"曹冲称象"的故事：有人让少年曹冲称一头大象的重量，这对一个小孩子来说是大难题。可是曹冲经过迅速而灵活地思考，很快有了办法。先让大象站在船里，刻上水位记号，然后把大象拉下来，往船上装石块，直到达到原来水位记号停止。石块的重量就是大象的重量。曹冲的思维力很强，上述几个特点都表现出来了：

逻辑性：想问题严密而且科学，不穿凿附会，不支离破碎，得出的结论有充足的理由、证据。前因后果思路清晰。

全面性：看问题不片面，能从不同角度整体地看待事物。

创造性：对问题能提出创造性见解，别人没想到的，他能够想到。

王永庆是台湾大工业集团——台湾企业的董事长，也是台湾知名度最高的企业家之一。据说，他的企业有4万名员工，1万个加工客户。早在20世纪80年代末，美国的一家杂志称，在世界富豪榜上，王永庆以40亿美元居第16位。

1917年1月8日，王永庆出生于台湾省台北市新店直潭一户贫苦茶农家中。爸爸叫王长庚，有几片贫瘠的茶园。他常年耕作，收获还不足以维持全家人的温饱。

在7岁那年，王永庆穿着母亲用拆洗过的面袋做的衣服，背着母亲亲手缝制的书包，到离家有10公里远的新店国民小学上学了。在上学的第一天，爸爸拉着王永庆的手，语重心长地说："庆儿，家里这么穷仍尽力供你上学，是希望你能刻苦学习，将来依靠自己所学到的知识改变家里的状况。"

"爹，你放心，我一定会好好学习，将来好让你和母亲住大房子，吃好的！"懂事的王永庆回答道。后来，这份誓言一直激励着他勤奋学习。

王永庆小学毕业后，由于家庭贫困，他不得不辍学回家。后来，凭着叔叔的介绍进了叔叔朋友开的米店，干起了扫地、背米、记账、服侍掌柜等杂活，每天起早贪黑，一天干十几个小时，可是，报酬却很低。尽管这样，他还是每天兴奋地干着活，同时也注意着经营米店的一切知识和技巧。一年下来，这个刚刚15岁的孩子，比起那些开了十几年米店的师傅来，做生意毫不逊色。这个爱动脑筋，对做生意充满兴趣的孩子，对米店的经营方式，已经透彻地掌握了。

学徒刚满一年，王永庆就同爸爸商量开米店。爸爸同意了儿子的想法，并靠着老面子向亲戚朋友借来了200元钱。接过这沉甸甸的借款，王永庆一刻不停地赶回嘉义，开始筹办自己的米店。

在嘉义这块不大的地方，有几十家米店，既有腰杆很硬的当地人开的米店，又有老字号的米店，还有资金雄厚、地理位置好的米店。一个孩子开的米店，位置偏僻，资金缺乏，而且没人知晓，要想打开局面，实在太难了。

做生意最怕的是没有顾客。刚开张的王永庆米店很少有人光顾，有时一天只有一两个买米的。怎样让人家买自己店里的米？这是王永庆开店遇到的第一个问题，也是米店能否办下去的最大问题。

少年王永庆为此绞尽脑汁。他曾设想，那些大户米店，主要经营批发业务，自己的小店就对小户搞零售业务。可是，这一招行不通。因为大户也搞零售，而且在价格上小店也没有优势。

王永庆突然想起，在当小工时为客户送米时，发现有人抱怨米太脏，既有米糠又有砂子。王永庆调查了批发商供应的米，发现都是一个样。他就想，如果把自己的米搞得比别人的干净，同样的价格，不就比别人有优势了吗？

于是，他把两兄弟召集起来，一起拣除米里的砂子，吹净米里的糠。

经过筛拣过的大米，明显比其他米干净多了。

当周围客户知道了王永庆店里的米比别的店里出售的米干净而价格相同时，就都来买他的米了。有了客户，王永庆的米店就能够生存下去了。

王永庆不满足于能够站住脚。他在不停地寻求扩大业务的途径。他发现，许多人家由于忙，总是在吃完了米之后才急急忙忙前来买米，这样，有时耽误做饭。

于是，王永庆就提出，定期为他们送米。这些人家巴不得在米快要吃光时有人给及时送上门来。于是王永庆主动到客户家中，测量米桶的尺寸，计算一桶米吃多长时间。

经过精心计算，他总是能够在客户家中的米快要吃完时，及时把米送到。这样，他就赢得了大量固定客户。

不知满足的王永庆不停地寻找拉住客户的办法。他在送米过程中发现，吃米的人大多数是靠定期发工资过日子的，一旦不能按时领到钱，就会断顿。为此，王永庆主动提出在吃光了米而又暂时领不到钱时，可以赊账买米，等领到钱及时还米钱就行。这一招深受那些靠领工资买米下锅的人家的欢迎。

王永庆又赢得了一批稳定客户。这些人都很诚实，尽管赊账，但都能在领到钱后及时付清米款。

在做大米生意的过程中，王永庆热诚服务，心细如发：他为人家送米时，如果发现旧米还没吃完，就帮助清理米桶，把旧米放在上面，把新米放在下面。这样，顾客的米桶中就不会有陈旧的大米了。由于服务周到，价格公平，王永庆的米店赢得了越来越多的客户，业务量也由开张初期一天连一包米也卖不出，发展到一天能够卖出几十包。王永庆靠自己辛勤的劳动和周到的服务，使自己的米店获得了成功。他靠汗水和精明，赚回了当初的投资，还清了爸爸为他借的款。

如何提高孩子的思维能力

1.培养孩子独立思考的习惯

年龄小的孩子遇到疑难问题，总希望家长给他答案。有些家长就真的把答案告诉孩子，当时解决了问题，但从长远来说，这样做对发展孩子智力没有什么好处。因为家长经常这样做，孩子必然依赖家长的答案，而不会自己去寻找答案，不可能养成独立思考的习惯。

高明的家长，面对孩子的问题，会让孩子自己去寻找答案。也就是启发孩子，一个问题应该怎样去想，去分析，怎样运用自己学过的知识和经验，怎样看书，怎样查参考资料等。当孩子自己得出答案时，他会充满成就感，思维能力会提高而且会产生新的动力。

2.让孩子经常处在问题情景之中

问题是思维的引子，经常面对问题，大脑就活动积极。当孩子爱提各种各样问题的时候，家长要跟孩子一起讨论、解释这些问题，家长的积极主动对孩子影响很大。

特别是家长也弄不懂的问题，通过请教他人，查阅资料，反复思考后获得圆满答案，这个过程最能提高孩子的思维能力。

孩子一两岁以后，有的不爱向家长提问题了，家长应该主动提出一些问题进行讨论，包括家庭遇到的一些疑难问题。有时，家长应放下架子，向孩子请教一些自己不懂的问题。这些做法对发展孩子思维极有好处。

3.跟孩子一起收集动脑筋的故事和资料

动脑筋的故事和资料很多，有的是真人真事，有的是寓言故事，有的是科普性读物。家长、孩子共同收集，整理好放在书柜的一角。

空闲时间，大家可以翻阅这些资料，互相讨论感兴趣的问题。

4.搞家庭智力竞赛

利用节假日进行，家长和孩子轮流做主持人，谁主持谁准备竞赛题目，设立小奖品或其他奖励措施。为了增强气氛，可以请亲友或其他小伙伴参加。准备过程和竞赛过程都是训练脑力的过程。

5.讨论、设计解决实际问题的思路，参与解决问题的过程

在孩子的生活、学习中，在家庭生活中经常出现各种各样的问题需要解决。家长应引导孩子并与孩子一起共同讨论、设计解决问题的方案，并付诸实施。这个过程中，需要分析，归纳，需要推理，需要设想，需要设想解决的方法与程序。这对于提高孩子的思维能力和解决实际问题的能力大有好处。

总之，为了提高孩子的思维能力，家长要经常去创造动脑筋的氛围，鼓励孩子多想，多问，多实践。脑子是越用越灵。为了孩子提高思维能力，家长既要重视学习过程，也要在功课以外想些办法。

动脑筋分析分数背后的原因

现在的家长重视孩子的考试分数是可以理解的，因为分数毕竟是学习状况的一种重要反映。但是，如果采取简单化的做法，对于指导孩子学习又没有好处。

"快考试了，好好复习，争取双百，或双优，或达到××分，考好了有奖励。如果考不好，你什么也甭想。"

"把成绩单给我拿出来……就考这成绩呀！我看你越来越没出息！"

"你上次都比这次分数高，我看你越来越笨！"

"从明天开始，你不许玩儿，只能给我好好念书，什么时候分数上去了，什么时候再玩儿。"

除此之外，还有正颜厉色连训带骂的，甚至还有拳脚相加的！

其实，哪个孩子不想考好分数？只是他们往往不知道自己的问题出在什么地方，怎样做才能学得好。家长只是训和骂，孩子仍然糊里糊涂，有的孩子确实很少玩儿，但分数仍然上不去。

凡是知道计算机的人，无人不知比尔盖茨。他是一个创造奇迹的人物。他最先把计算机软件产业化。他创造出了从系统软件到应用软件，从计算机的简单功能到多媒体技术，从单机应用到信息高速公路等一个又一个技术奇迹。与此相应的是，他白手起家，利用高科技和高智商成为世界级的巨富。他的财产已经高达数百亿美元。创造出如此神话般的奇迹的比尔盖茨，有着同样神话般的少年经历。

比尔盖茨 1955 年 10 月 28 日出生在美国西北部城市西雅图。爸爸是个有点名气的律师，母亲是位金融家的女儿。显然，这是一个中产阶级的家庭。

孩童时期的比尔，在宽松的家庭环境中，较早地形成了自己的个性。他很小就表现出了与众不同的性格，这就是，办事执著。只要是他想办的事情，就一定干到最好；如果是与别人比赛，就要胜过任何人。在比赛和竞争中，他有着强烈的出人头地的愿望。为了达到自己的目的，小小的年纪，他就不受环境和舆论的左右。认准了的事情，任凭别人说什么，他都听而不闻，一门心思干到底。

童年的比尔盖茨，天资聪明，喜欢学习，再加上父母重视对子女的早期教育，所以，他顺利地完成了学前教育和小学教育，并表现出了过人的天资。由于学习成绩太好，比尔在小学里跳了好几级，很快就上了中学。为了给孩子选择一个合适的学校，比尔的父母很是费了一番心机，最终他们根据比尔思维快、学习能力强的特点，选择了以质量高而著称的湖滨中学。

比尔在同年级的孩子们中年龄是比较小的。可是，他进学校后不久，就成了引人注意的学生。他有着出色的记忆力。老师让学生背诵的东西，在许多学生看来是一种负担，而比尔却用很短的时间就能准确熟练地背诵下来。抽象的数学概念和公式，常常使一些孩子头疼，而比尔却在数学的学习中发现了无穷的乐趣。

他经常整个晚上钻研数学难题。比尔钻研抽象问题的快乐情绪，让他的同学无法理解。惊人的记忆力和超常的抽象思维能力，再加上浓厚的学习兴趣，使比尔来到湖滨中学不久就成了本班的尖子学生。不管是当堂背诵，还是年级考试，比尔都能拿到好成绩。良好的学习成绩，使比尔渐渐产生了骄傲的情绪，他自恃比别人聪明，凡事好出风头，而且达到了锋芒毕露的地步。

这导致比尔在同学中不怎么讨人喜欢。对儿子的学习非常关注的爸爸在发觉了比尔的骄傲情绪后，并没有批评他，而是语重心长地对他说："孩子，人类的知识就像浩瀚的大海一样广博，你现在拥有的知识量只不过是大海中的一滴水，同大海相比，微不足道。要想成为伟大的人物，必须虚心地不断学习。"

爸爸的话使比尔深感惭愧，他也以爸爸的话勉励自己不断进步。过人的才智和强烈的进取精神，使他的学习成绩不仅保持在第一的位置，还经常遥遥领先于他的同学们。这使得他在湖滨中学的知名度很高，几乎没有人不知道有个叫比尔盖茨的学生。

为了开发学生的智力，湖滨中学早在 1968 年末就决定让它的学生了解计算机。比尔盖茨超常的智力和对抽象问题的特殊兴趣，使他一接触计算机就像着了魔似的。

20 世纪 60 年代末期的计算机还很落后，计算机本身巨大而且笨重，只是实行了二进制的计算方式，没有任何系统软件，更不可能有像今天这样铺天盖地的游戏软件。它在当时还仅仅是一种计算工具。这种庞大的计算工具，向人们显示的仅仅是严密的逻辑、简单的运算规则和惊人的速度。

在一般孩子看来，上计算机课是一种负担，枯燥的数字让人头痛，机构的运算令人乏味。而比尔却从中发现了从未有过的乐趣，他喜欢计算过程的严密逻辑，更喜欢计算机对人的智力进行的挑战。

自从接触计算机后，比尔就不再花大量的时间去干别的事情了。他经常把大块的时间消磨在计算机房中。他对计算机的知识，很快就超过了他在湖滨中学的老师。为了弄懂计算机的奥秘，比尔从计算机原理到计算程序无所不学。当时计算机在美国也是新鲜玩意儿，所以，使用费昂贵。计算机公司不可能让学生无偿使用它的机器。

尽管学生母亲俱乐部通过拍卖活动筹集到一部分费用，但这些钱是有限的，因此，学校对学生使用计算机进行了时间限制。

为了更多地接触计算机，比尔常常深更半夜爬起来，偷偷地钻进计算机房。与比尔同样痴迷计算机的还有一个高年级的学生，名字叫保罗艾伦。他后来成了比尔的合伙人。这个小伙子常常几乎和比尔同时偷偷地钻进计算机房。

比尔盖茨和保罗艾伦不是简单地按照规定的计算机程序学习和操作。当他们熟悉了基本操作程序和计算机语言之后，就在计算机上发展少年人的兴趣——做游戏。

当时还没有任何游戏软件，比尔和保罗就利用学到的计算机语言，自己设计出了简单的游戏程序。他们在计算机上进行比赛、对抗等，找到了别的孩子暂时无法理解的乐趣。

当其他的学生把学习计算机课程看作一种负担的时候，比尔和保罗却从中发现了从未享受过的快乐和充分展示少年智力的新天地。正是凭借着对计算机学习的极大兴趣，比尔创建了微软公司，成为当今最富有的人。

分数只是个表面现象，家长应该动脑筋分析分数背后的诸方面原因：

1.分析孩子的学习水平

任何一门功课都有3个层面的水平——基础知识、基本概念（词语、定义、定理、公式、基本观点等）掌握的水平；基本技能水平（运用基础知识，基本概念解决基本问题的能力水平）；综合技能水平（解决比较复杂问题的综合能力）。通过考试卷子和平常的作业，可以分析出这3个层面水平的情况。哪方面差，重点解决哪方面的问题。

2.分析孩子的非智力因素

学习成绩与非智力因素关系密切，一些孩子学习成绩上不去，有的是学习兴趣问题，有的是学习习惯问题，有的是意志品质问题，有的是情绪问题，有的是责任心问题。应该具体分析，找准原因。

3.分析孩子的学习方法

有的孩子，成绩总在某一水平上，难以突破，学习态度、习惯也较好，这往往是学习方法问题。应该一科一科地分析学习方法存在什么问题，采取改进措施。

4.分析孩子的智力因素

成绩上不去，也有智力方面的原因。我们在本书中对智力的几个基本因素——观察力、记忆力、思维力、想象力进行了介绍，而每个孩子这四方面的能力往往发展不平衡：有的记忆力强而思维力弱，有的观察力强而记忆力弱。这就需要从孩子实际出发仔细分析，哪方面能力弱，应优先训练哪方面的能力，促进孩子智力的全面发展。

5.分析孩子与老师的关系

孩子与老师的感情如何，对学习影响很大，请您参阅本书中有关专题的分析。

如果家长能够如上所述去分析孩子的学习状况，就不会只拿分数来说事儿了。而且，通过这样的分析，找准了原因，也就有了解决的办法。

在此，给家长提出几条建议：

1.不给孩子简单地定分数指标，而在具体指导上下工夫

有些家长简单地对孩子说："这次必须达到 × × 分。"这样，除了增加孩子思想压力外，解决不了具体问题。应该指导孩子分析薄弱环节，订好计划，改进方法，越具体越好。当然要以孩子主动思考为主，不能强加给他。

2.主动找老师联系，请老师帮助分析孩子的学习状况

家长应该主动去请教班主任老师和任课老师，越是找不准孩子学习问题原因的，越要及时找老师讨论，请老师出出主意。有的老师分析不透没关系，还可以请教有经验的老师。

3.改变看分数单和谈论分数的方法

家长明白了分数背后有很多因素，就可以改变看分数单和谈论分数的方法，考试过后，就不会天天催问："分数单发了没有？"

孩子把分数单给家长看，家长应保持平静的态度，可以说："你主动把分数单给家长看，很好。咱们找个时间具体分析分析这次考试情况，好吗？"

孩子迟迟不把分数单拿出来，可以启发他："这次考试应该总结

一下，你先考虑考虑，今天或明天晚上咱们一起分析分析。"

孩子成绩不好，不要简单责备，而采取理解的态度："这次没考好，咱们再努力。你自己总结经验教训，什么时间一起讨论讨论？"

正确的学习观

每个孩子的学习生涯中都要度过无数次的考试，他们学习阶段的学习负担和心理压力对每个孩子来说都是非常沉重的。对孩子们来说，过这两关不仅需要有高智商，更需要具备较好的综合素质，才能在最后毕业时向家长、学校，更主要的是向自己交上一份满意的答卷。

家长要教孩子学会对自己负责，这是最基本的。如果一个人对自己都没有任何责任感，怎么可以想象他会对社会负责呢？

如何正确引导孩子在学习上发挥出自己的潜能，能够给自己的学习生活交出一份满意的答卷，这需要家长有一个正确的学习观。

学生当然应以学为本，素质教育在书本知识的学习上，应解决的是会读书，提高学生的学习能力、思辨能力——综合、理解、独立解决问题的能力，改变死读书和读死书的状况。

李·艾柯卡先后担任过美国福特汽车公司和克莱斯勒汽车公司的总裁。在20世纪七八十年代，他是美国家喻户晓的人物。他从推销员干起，靠自己的才能当上了公司总裁。他为福特汽车公司创造过数以亿计的财富。

1924年10月15日，对于开热狗铺子的意大利移民尼古拉李·艾柯卡来说，是个喜庆的日子。这一天，他的爱妻为他生下了一个宝贵儿子。这个勤劳乐观的移民，以自己加倍的劳动，来庆祝儿子的出生。

一个好的家长，对于孩子的健康成长是很有利的。李·艾柯卡有一个具有哲人智慧的好爸爸。他总是在儿子最需要的时候，适时地告诉儿子，如何对待困难，如何战胜灾难，如何与别人相处，如何把事情做得更好，如何实现自己的理想等。这个伟大的爸爸鼓舞了李·艾柯卡的一生。

李·艾柯卡非常听爸爸的话，他上学不久，就成了班里最用功的孩子，因此，获得了老师的喜爱和信任，经常得到表扬。老师有什么活，也愿意派他去干。这对于小学生来说，是无比的荣耀。李·艾柯卡不仅用功，而且学习成绩也不错。尤其在其他孩子感到麻烦的科目上，更显出李·艾柯卡的坚韧。

比如，语言课老师要求学生们每周要交一篇500字的作文。大多数孩子把它看作一种负担，因此，仅仅应付而已。而李·艾柯卡却是每篇都认认真真地去做。一个学期之后，他的写作达到了能够清晰表达自己感情的地步。

还有一位老师把杂志上的"词汇智力测验"栏目拿来让学生们作词汇测验。这本来是件很麻烦的活动，可是，李·艾柯卡像对待正式课程一样，认真对待，并培养出了兴趣。结果，他不仅从中获得了大量词汇，而且把这种词汇测验变成了一种爱好。

李·艾柯卡在上小学时就是一个自觉学习的好学生。小孩子都有贪玩的习性，李·艾柯卡也不例外。但上学后他就逐渐养成了把学习放在第一位的习惯，他上学是从来不迟到的。放学后，第一件事情是做家庭作业。在没有完成家庭作业之前，谁也叫不动他。在做家庭作业时，他很专心，不管发生多么吵闹的事，都无法让他分心。

那个时代的孩子都愿意看电影，李·艾柯卡的爸爸开着电影院，可是，在完成作业之前，他是绝对不去看电影的，即使同学们拉他也是拉不动的。在上小学时，他专心学习的时间能够持续3个小时以上。一般的孩子这是做不到的。

勤奋的学习必然带来好的成绩。他的数学总是获得A级的好成绩；

拉丁语也是拔尖的，参加拉丁文俱乐部，连续 3 年被评为最好学生，因而获得一等奖；其他科目，也获得了名列前茅的好成绩。

在爸爸的鼓励下，李·艾柯卡坚持全面发展。凡是学校组织的活动他都要参加。14 岁时，他参加了辩论队。辩论的题目是"资本惩罚应该废除吗？"尽管他还不怎么懂得这个题目的含义，但为了提高论辩能力，他积极地参加了这项活动，这是他锻炼口才的开始。日后的推销员工作和总裁职位，都离不开雄辩的口才。

在体育活动中，他曾经是一名很好的棒球运动员；他还喜欢游泳、象棋和扑克牌等。凡是有利于心智发展的健康活动，他都愿意参加，并且只要参加，就想争第一。

他还一度对爵士音乐发生过浓厚的兴趣，经常去听爵士乐团的演奏。他是学校乐队的成员，先后演奏过萨克斯管，吹过小号。随着年龄的增长，他又对政治发生了兴趣。

到了八年级，他竞选班长并获得了成功。上九年级时，他又出来竞选全校的班联主席。他以成功的演讲和严密的组织竞选，获得了多数票，并当选为班联主席。这些都表现出了李·艾柯卡在少年时期的好学上进和积极进取的精神。

在前进的道路上，他也遇到过挫折，他当选为班联主席后，一度自认为了不起，表现出一个浅薄的当权者的心态和行为。这使他的选民很失望，也很反感。结果，在下一个学期的竞选中，他惨败而归。

正当他万念俱灰时，他的爸爸鼓励他说："人一生总会有挫折，即使伟大人物也如此。在面对挫折时，伟大人物总是善于从中分析失败的原因，并以此为动力督促自己在以后的实践中去改正，直至成功。而懦夫则将挫折当作不可逾越的鸿沟。我希望你是一个伟大人物，而不是懦夫。"

爸爸的话犹如一记重锤，敲醒了一蹶不振的李·艾柯卡。他很快振作起来，分析了自己失败的原因，从中吸取了教训，改变了心态，结果，在下一次的选举中，他再一次被选为班联主席。

上面的故事，给我们家长的启发是很多的，它告诉家长培养孩子学习过程中遇到问题时应有的态度、观点、方法：

• 对孩子在考试中出现的粗心，平时学习中出现的懈怠，一旦发现，则抓住不放，严加批评。要对孩子说：在意的不仅是丢了几分，由此反映的是学习态度欠缺严谨；勤奋、严谨是将来立足社会之本，这不是一朝一夕能做到的，需要从小，从点点滴滴做起；如果不努力，首先愧对自己，将来就是愧对社会；只要经过十分的努力，无论结果如何，达到什么程度都无愧于社会和自己。

• 让孩子经常保持清醒的头脑，在学习中给自己准确定位。可以经常找机会让孩子接触大学里的一些德高望重的学者，鼓励孩子与他们交流，请这些大师们提供学习上的建议——名师指点，可起到"四两拨千斤"的作用。

• 当孩子感到学习压力大时，家长应及时帮助孩子减压，这是保护孩子的学习热情的一个不容忽视的问题。教育孩子：平时的学习必须扎实，到考试的时候心中有底，"厚积薄发"，紧张情绪自然会减轻；分数的高低，名次的前后不要看得太重，首先应该去努力争取最好的成绩，去争当第一名，俗话说"不想当将军的士兵不是好士兵"，对学生而言，不想当第一名的学生不是好学生。这是一种进取心，但是第一名只有一个，因此，只要是尽全力了，只要是反映了实际水平了，其他的都应该释然些，心理压力轻了，才有可能发挥自己的最好水平。

• 鼓励和支持孩子的兴趣爱好。孩子的兴趣爱好多种多样，这是积极向上的一种表现，是使他性格开朗、活泼的保证。在支持孩子的兴趣、爱好过程中，家长应注意引导，特别是对一些有争议的东西，不要简单地否定与制止。

如有的孩子从小就喜欢看书，且涉猎非常广泛，家长应该支持这一爱好，但前提是不能影响学习。除此之外，对孩子看什么书，不需要做过多的硬性规定，即便是武侠、琼瑶小说也可以看，而且有时也可以主动给孩子买。

因为孩子也是一个"社会人"，不能因为一些东西会有负面影响，你就设想能设置什么屏障将它与孩子隔绝。不要忘了，人的本性中的"逆反心理"在孩子身上会更加明显，你越是不让他做的事，他就会千方百计地去做。

智商＋勤奋＋健全的心理素质＋良好的思想品格＋良好的人际关系＝成功，这是素质教育的真谛。一个人的综合素质是包括智力因素和非智力因素两个方面的，智力因素主要体现于学习，而非智力因素则是多种多样，并且是极其重要的。

专家这样告诉你

1.培养孩子养成良好的学习习惯

学习习惯是指孩子在一定的学习情境下自动地去进行某些活动的特殊倾向。由于习惯实际上是指通过重复或练习而巩固下来并变成某种动作的一种需要，从生理机制上来说，习惯只是一种后天获得的趋于稳定的动力定型。

简言之，习惯形成的原因主要是由于一定的刺激情景与个体的某些动作在大脑皮层上形成了稳固的暂时神经联系——条件反射连锁系统。这样，当个体在同样的刺激情景作用下时，条件反射的连锁系统就会自动地出现，人就会自然而然地或自动地进行同样的有关动作。

由此也不难看出，学习习惯的形成，无非就是引导孩子长期实践和应用良好的学习方法和策略，以使他们形成稳固的学习行为。

良好的学习习惯不仅可以节省学习时间，提高学习效率，而且可以减少差错，显然，学校进行各种习惯的训练是非常必要的。但学习习惯单靠教师在学校的努力是不够的，还必须借助家长的力量。

• 培养孩子在学习中勤于思考、敢于攻关破难的习惯。有的孩子缺乏毅力，自觉控制能力较差，在学习中遇到困难时，往往不肯动脑思考，遇难就退，或转向教师、父母寻求答案。

在这种情况下，家长不要代孩子解答难题，而是要用坚定的神色鼓励孩子动脑筋，用热情的语言激励孩子攻克难关。此时，家长任何一种亲切和信任的目光，一句热情而富有鼓励的话，都可以使孩子产生战胜困难的信心和力量。还可以跟孩子讲一些中外名人克服困难的故事，使他懂得一个人具备坚韧不拔的意志品质是很重要的。就是说，在辅导孩子学习时，不能只对一题一文进行辅导，最重要的是教育孩子学会用脑，帮助孩子克服内部或外部的困难和障碍，使孩子树立坚定的信心和克服困难的毅力。

提高儿童的学习兴趣，对克服学习上的困难也有重要意义。有浓郁学习兴趣的儿童能自觉学习，由学习兴趣产生克服困难的决心和动力。

• 培养孩子在规定时间内学习的习惯，不要拖延和磨蹭。孩子在学校里的学习是有严格时间规定的，在家里也应该有固定的学习时间。例如，放学后应先写作业后玩，或者在晚饭后稍稍休息一下，立即做功课。

有关调查表明，学习好的学生，一般都在严格规定的时间内准备功课，这样做主要是使学生形成一种时间定向，一到什么时候就自然而然地产生了学习的愿望和情绪。这种时间定向能在很大程度上使开始投入学习的准备时间减少到最低限度，使孩子能够很快地专心学习。同时训练孩子的专注能力，集中精力学习，而不是学习时摸摸这儿，看看那儿或迟迟进入不到学习状态，有的孩子在学习时总有许多毫无意义的停顿，写着写着就站了起来，或者说几句闲话等。这些孩子貌似在学习，但实际上学习效果极低，既白白浪费了时光，又会养成做事心不在焉的坏习惯。久而久之，会造成思维迟钝，注意紧张度降低，影响智力发展，使学业落后，以至形成拖沓的作风，学习、工作都没有效率。

所以在对孩子的要求上，不要只满足于孩子"一坐就是几个小时"，而要让他们在规定的时间内注意力集中，高效率地完成任务，帮助孩子学会控制干扰，训练他们高度的专注能力。

• 培养孩子不懂就问的好习惯。孩子有不懂的地方，教师和家长不要埋怨孩子为什么不懂，更不能加以斥责，要鼓励孩子提出什么地方不懂，找出不懂的原因，然后积极启发他们，帮助他们动脑筋，切忌烦躁，死记硬背或放下不管。

• 培养孩子养成复习旧课和预习新课的习惯。经常督促孩子按时复习当天课程，预习第二天要上的新课，是帮助孩子巩固当天所学知识，为第二天上好新课打下基础的好办法。如果当天所学的知识不巩固，甚至没有学会，日积月累，在学习上就会产生积重难返的大困难。

• 教育孩子养成做完作业细心检查的习惯。做作业时一般都是整体知觉在发挥作用，不少孩子只顾赶进度，出思路，很少顾及到一些细节问题：在作业中常常出现差错，不是写了错别字，就是看错运算符号或者少做了习题。做完作业之后，应该教孩子及时从整体知觉调整到部分知觉，从细微处检查是否有漏洞。

因此，家长、教师最好教会孩子检查的方法，如看看是否漏题、漏答、漏单位等，养成细心检查作业的习惯。

2.给孩子读书是最佳的教育方法

人从出生到成熟的绝大部分时间是在家里度过的。孩子的性情、品质、识别力等素质都要在家庭教育中完成。它是幼儿园、小学、中学等学校教育替代不了的。因此，专家们讲："学历并非成功的要素。孩子未来能否在竞争中生存，愉快地度过人的一生，完全取决于家庭教育，取决于诚实、耐性、责任感等健康人格。"专家称其是成功人格的重要部分。

良好的家庭教育不是非要给孩子建造舒适、安乐的环境，或让他们今天学钢琴，明天学字画，或请家庭教师等。

美国人早已认识到家庭教育的重要性。他们的各种报刊几乎每期都有关于家教的各类文章：专家论文、学者建议，其中家长经验之谈更多。

美国前第一夫人芭芭拉布什曾撰文说，给孩子读书是一种最好的教育方式，它是家长送给孩子的一件终生享用的最佳礼物。给孩子读书既能养成孩子爱学习的习性，培养他的健康人格，又能为孩子提供一种快乐的生活方式。专家讲：明智的家长应该在孩子10岁前帮助他养成"看"书的习惯。

教刚学会走路的孩子学习"看"书。多与刚学会走路的孩子讲话。美国一位著名的教育学家苏科恩说："讲话可以帮助孩子学习语言。在你们穿衣、做饭、买东西时，都不要忘记使用准确、健康的词汇讲话。"买东西时给孩子一个购物卡，让他挑选 R 字母开头的食品。这就是在教孩子看书。

家长给孩子读书十分重要，而且，要尽早开始。每晚睡前，孩子一看见母亲手里拿着一本书，他就会飞快跑进自己的房间，跳上床脱了衣服躺好，静静地看着在床边椅子上坐下的母亲，慢慢翻开书读道："丑小鸭刚爬上山顶，突然遇到了一只大灰狼。"家长平静的声音可以使爱动的孩子静下来，由此还可以与孩子建立一种特别亲密的关系。

给孩子读书是帮助孩子学习看书。但是，千万不能在孩子还不会看书前强迫他看书，否则会产生相反的结果。

当孩子再大一点后，愿意坐在家长身旁，边听边看书时，家长可以让孩子先叙述一下插图，或让他们猜猜将要发生什么。录下孩子背诵的诗歌或带韵律的儿歌，让他事后能听见自己的声音。这样做不仅能给孩子树立信心，而且还能促进他语言能力的发展。

让孩子看见你们在经常看书报。跟其他所有的事情一样，孩子的动作是模仿父母的。如果孩子看见家长重视阅读，他也会重视。即使他不会看书，也会知道读书是家里一件重要的事情。到他能读书时，给他办个借书卡，鼓励他经常使用，受过培训的图书管理员会指导孩子挑选他感兴趣的书。

根据专家统计，美国有很多孩子学会看书是在学龄前，有的早到四五岁，大多数要到 7 岁。有的孩子带着极大热情、有规律地看书一直持续到 4 年级。可是随后，令家长吃惊的是，他突然不再找时间看书了，电视占据了他所有的空余时间。

美国另一位教育学家瑞斯哥利浮说："当孩子在学校开始学习课本时，看书不再是件趣事，多半是家长在孩子身上施加过多压力的缘故。当然如果孩子不断抱怨看书难，也可能是真的。这时家长应该扯扯孩子的后腿，家长最好要求他的老师找找原因，而且越早查明原因，对孩子的矫正越好。"而我国孩子出现厌倦读书的现象，多半是学校—— 一味追求升学率给孩子们造成的。同样需要家长去找找学校。

如果家长从吃饭开始就打开电视机，一直看到夜晚，却叫 10 来岁的孩子看书，无论什么天大的理由孩子也不会信服——看书比看电视好。

家庭应该订阅一些杂志、报纸。图书、报刊既能帮助家长营造一个看书的环境，同时也能激起孩子阅读长篇文章的兴趣。不仅如此，还应该给孩子订阅他喜欢的报刊。让孩子读到他想读的任何图书，不要阻止他的决定。

假如父母发现孩子一直到 10 岁还不大喜欢看书，也不要气馁，决不会没有希望的。但是千万不可突发奇想，塞给他一本世界名著之类的大部头书。

为引起孩子的兴趣，家长可先讲讲某书的故事梗概，尤其是其中趣味性的游戏或字谜。如果孩子平日离不开立体声音乐，不妨买一本关于摇滚乐的书，不经意地递给他，"这本书你可能会喜欢"。除此之外，别的话不多说。一旦他产生兴趣，他不仅会读完这本书，而且可能还会跟你们再要一本书。

对无论什么年龄段的孩子，都要顺其自然地通过他不爱看书的阶段，尤其是 10 来岁的孩子。

总之，在孩子成长过程中，尽早给孩子读书非常重要。这就是家长该送给孩子的一份最佳礼物。最后，作为家长该注意的是，给孩子选择什么样的书读的问题。

据说，在睡前养成阅读习惯的人，长大后，在任何情况下都能集中注意力，在生活中他们都是相当成功的人，因为他们善于钻研，具有较强的想象力。阅读为他们的生活带来了极大的乐趣，同时也使他们走向成功的阶梯。

情商

EMOTION QUOTIENT（EQ）

据《21世纪报》报道，美国对733位拥有数百万美元的富翁所做的调查显示，对他们的成功起作用的前几位因素均为"诚实地对待所有的人""严格地遵守纪律"以及"与人友好相处"等被称为情商的因素。

据《广州日报》报道，香港富商李嘉诚在出席捐赠一亿港元给香港理工大学的仪式中讲到，在他经商的道路上，有助于他面对现实生活中各种错综复杂的问题，对他的成功起着很大作用的也是情商。

据《深圳特区报》报道，当问起我国一些优秀企业的老总，认为"当代大学毕业生最缺乏什么"时，他们的答案惊人的一致：缺乏情商。

当孩子来到这个世界上，作为父母应该说成功了一半，把孩子教育成功才是全部的成功。但几乎大多数父母都没有学过如何用正确的教育理念和方法去帮助孩子，所知道的教育方法大多数是由父辈教给的，情商教育的方法和技巧也只知道皮毛。现代社会每个家庭只有一个孩子，没有条件让父母拿孩子去做教育试验，教育失败就是全部失败。孩子每天都面临着来自媒体负面的影响，学业压力、同伴相处压力、父母和老师的压力、社会压力等，孩子不知道用什么技巧去应对这些压力，而父母也没有具体的方法教给孩子，孩子在自己的世界中探索，得不到帮助的孩子出现了让父母着急和痛心的情商弱项行为。多数父母由于工作忙，还出现了隔代教育、保姆教育等现状，孩子迫切需要掌握正确处理各种压力的情商技巧，指导自己的行为，帮助塑造自我形象、情绪管理、竞争力、挫折抵抗、沟通、人际关系及领导力的技巧。

很多父母对自己的孩子都有一个错误的认识——他们认为自己的孩子已经长大了，懂事了，不再是个小宝宝了，所以孩子们应该很明白自己说的话是事实还是谎言。其实不然！事实上，说谎是孩子们成长过程中的一个正常现象。请不要轻易将谎言与孩子的品质画等号，因为谎言有时只不过是幻想，或者孩子小小的如意算盘。

情商不同于智商，它不是先天决定的，而是后天培养起来的。它形成于婴孩时期，成熟于儿童和青少年阶段。为此，国外非常重视情感的早期培养，为了提高孩子的情商水平，在家庭中注重情感训练，在幼儿园和小学开设情感训练课，在初中设有情感和社会能力的训练课，以提高他们的情商水平和社会适应能力。

情商是可以被培养、被改变的，而较高的情商在很大的程度上是一个人成功和幸福的关键所在。家庭是培养孩子情商的启蒙学校，家长就是孩子的"情感教练"。如何才能培养孩子具有较高的情商呢？

要想培养孩子的情商，家长必须先培养和提高自己的情商，家长如果能够以身作则地教会孩子如何控制自己的情感，这个孩子在今后成功和幸福的道路上就已经走出了非常坚实的一步。家长是孩子责无旁贷的"情感辅导者"。

家长的教育方式对孩子情商的高低有着极大的影响甚至会起决定性作用。了解自己的方式，更能有意识的改进家教的方式方法，从而更有效地开发孩子的情商。

别怕孩子淘气给你添麻烦，而要多考虑什么有益于孩子心理的成长，家长也要克制自己的任性。我们的目的仅仅是想让关心孩子的父母，吸取相关的知识，通过学习改变培养孩子的方法。世界上没有十全十美的父母，只有许多被称为"足够好的父母"，他们为培养孩子的社会和情感技能尽了最大努力，并为孩子们在家庭之外继续发展这些技能提供了足够的机会。没有不好的孩子，只有不好的教育方法。成功的情感教育需要家庭的积极参与，特别是必须紧密配合儿童的成长阶段。

如何培养高情商的孩子

良好的情商是完全可以习得的。我们教给孩子恰当的情感调节技能的时间开始得越早，这些情感调节技能就会越快地成为他们全部生活技能的一部分。0-8 岁是儿童行为习惯的养成期，在这期间，如果不对孩子进行良好的情感培养和情商开发，将会坐失良机。

培养孩子情商的方法有许多，但核心无非是引导孩子准确地感知并处理好自己的情绪。对自身的情绪具有了敏锐的感知能力，就能为自己准确定位，而不会为一时的环境所左右，就能理智地控制情绪，从而获得良好的人际关系。作为家长，必须注意纠正自己不当的教育方式，尽早教孩子学习情感调节技能。

当孩子出现情绪或行为问题时，大部分家长的错误处理态度或不当的行为反应不外乎以下几种类型：

• 交换型，即用有吸引力的事物使孩子终止某些消极的情绪。

如见到孩子悲伤时，马上去买孩子喜欢吃或玩的东西，只要孩子停止那种消极的情绪，什么条件都答应；或者不管孩子的情绪如何，刻意压制其情绪的爆发，甚至对他们说："如果你想别人看得起你，最好把这些不好的情绪埋在心里。"

• 惩罚型，即用责备、恐吓或打骂来终止孩子的消极情绪。

这类家长把注意力放在孩子的情绪或发泄情绪的行为上，不去深究孩子产生情绪的原因，甚至动辄以批评的态度对待孩子产生的情绪。就算有时主动了解原因也只是为了作出反应："合理"的原因会得到谅解,稍微"不合理"的原因会受到责备,而非常"不合理"的原因会受到严惩。

• 冷漠型,即虽接受孩子的情绪表现,却不作出积极的反应或加以引导。

这类家长不关心孩子情绪的变化,常会让孩子感到孤独和无助。

• 说教型,即不注意孩子情绪或行为的原因,反复埋怨或啰啰嗦嗦地说教一番。

这类家长的行为极易引起孩子的反抗或厌恶心理。

以上4种处理方式,都对孩子情商的发展不利,必须加以克服。要想妥善处理孩子的情绪,提高孩子的情商,家长必须善于通过情感上的共鸣或移情作用培养孩子感觉他人情绪的能力。如看到孩子流泪,就能设身处地地想象孩子的处境并感受其悲痛;看到孩子生气,则感受到其失败或愤怒。家长接受并与孩子分享这种感受,会使孩子更有信心面对困难,因为孩子感到身边有可信赖之人的支持。家长不责备孩子,不嘲笑孩子的情绪,不主观地否定孩子的意向,不拒绝他们的要求,孩子就会让家长了解他们的内心世界。只要孩子觉得家长与自己的立场是一致的,就愿意与家长一块解决问题,接纳家长的意见。

所以,正确地提高孩子情商的做法应该是:

1.捕捉沟通良机

家长要善于捕捉孩子情绪的变化,并抓住时机与孩子进行语言和心灵的沟通。一个小学五年级的女孩子,某一天回到家里后什么话都不说,只是坐在沙发上默默地流泪。她妈妈看到了,什么也不问,只是轻轻坐在她身边,温柔地揽住女儿的肩膀。过了一会儿,女儿微笑着对妈妈说:"谢谢妈妈在我身边安慰我,现在我没事了。"这位母亲的做法很好地疏解了孩子的情绪。

2.分担内心感受

家长要善于问清孩子发生的事情及其原因，让他们自己说出内心的感受。这需要一些问话的技巧，家长可根据自己孩子的性格特征来把握。如对一个敏感的孩子，家长要从孩子的角度感受他的情绪，用语言表示理解或分担孩子的看法、感受，然后再去找寻他情绪变化的原因，而不能直截了当地询问甚至逼问。

3.避免大包大揽

家长不应轻易对孩子的感受下结论，不要对他们的每个问题都提供答案，不要让他们以为家长有义务为他们修补或处理任何问题。如孩子在外面受了小朋友的欺负，希望回到家里寻求支持，这时候，家长千万不能轻易替代孩子解决他所遇到的麻烦，而应引导他自己面对问题。

4.寻求解决办法

家长应以一种平等的姿态与孩子一同弄清问题的症结，启发他们理解人生未必事事顺利，不如意事常十之八九。同时一同寻找解决问题的可能办法，一同讨论将来的计划。

孩子爱说谎与品质不能画等号

1.孩子为什么说谎

孩子有着丰富的想象力，生活在一个幻想的世界里，所以他们常常说一些不着边际的话。当你带孩子从公园回家的时候，他告诉你他在公园里看见了独角兽。他并不是在有意欺骗你。换个角度想，这说明他的智力还在处于不断发育的阶段。

你的孩子还不能分清什么是真实的，什么是虚假的，他也同样不能把他的梦和真实生活区分开。

也有些时候父母会发现，孩子的谎言就是他的如意算盘。一个4岁孩子的母亲曾问幼儿园老师："我的孩子一个星期最少从幼儿园拿回家一个玩具，他告诉我是老师说他可以拿的。真的是这样吗？"当然不是。不过，老师的分析消除了这位母亲的不安和尴尬："这个年龄段的孩子们认为，如果他们非常非常想拥有这个玩具，那么这个玩具就一定是自己的。这就是孩子们想'占为己有'的逻辑。"

当然，也有的孩子说一些小谎是害怕父母的责备和惩罚。他们会指责那些自己想象出来的朋友，告诉父母是他们做出了这些错事。因为他们知道自己淘气会使爸爸妈妈不高兴的，所以撒了个谎。

2. 听到谎言怎么办

这么大的小孩子因为说谎就受到惩罚，不仅没有任何意义，也许还会有副作用。如果你的孩子打了其他小朋友，或者抢了小朋友的饼干吃，你肯定会对他训斥一番。但是，如果他同时还对你说了谎，那你的注意力就会转移到说谎这个问题上，并为此更加严厉地惩罚他。

但事实上，你对诚实和正直的长篇大论，对孩子来说只是耳边风；你的惩罚也不能使他知道问题的所在。相反，他只知道他又淘气了，而且将来他肯定不愿意让你知道这些淘气的事儿。所以，更加关注他的不良行为效果会更好一些。你可以告诉你的孩子："我知道你是怕我不高兴，所以不想告诉我真相。但是我亲眼看见你打了小朋友。如果你下次对他有礼貌些，我想他会把他的玩具给你玩的。"

另外，要向孩子解释清楚他想要的东西并不意味着就属于他了。如果你的孩子在商场拿到喜欢的玩具就说是他自己的，那么你就要清楚地告诉他："我知道你非常非常想拥有这个玩具，但是它并不真正属于你，它属于这个商场。"慢慢地，孩子将学会把事实和幻想区分开来。但是，如果你对孩子的小小谎言过于在意的话，将会或多或少地扼杀了孩子的想象力。与其揭穿孩子的谎言，不如把它看作孩子学习语言表达能力的一个机会。做父母的肯定不想压制孩子的幻想，因为有了幻想，才会有创造力嘛。因此，父母惟一应该做的就是确保孩子的幻想不会伤害自己和他人。比如说，父母可以让孩子相信圣诞老人，但是必须让孩子知道人是不能飞起来的，即便插上翅膀也不能。

如果孩子的话总是不着边际，那么父母最好给孩子讲一讲《狼来了》的故事，让孩子懂得为什么对人诚实很重要。

培养幽默感可提高情商

幽默感是情商的重要组成部分，具有幽默感的孩子大多开朗活泼，讨人喜欢，人际关系也要比不具幽默感的孩子好得多。因此，美国父母很重视培养孩子的幽默感，他们希望孩子愉悦地度过人生。下面是他们的一些小招数。

1～2岁：冲孩子做鬼脸

美国许多父母在婴儿刚刚出生6周时便开始了他们独特的"早期幽默感训练"。

在孩子学步摔倒时，父母冲他做个鬼脸以表示安抚，此时他往往会被你扮的鬼脸引得破涕为笑。2岁的孩子已能从身体或物品的不和谐性中发现幽默。

3～4岁：让孩子扮"爷爷"

3岁孩子的智力已发展到能认识不和谐中潜藏的幽默感。当妈妈故意戴上爸爸粗大的男式手表时，孩子见了会一边摇头一边大笑不止。你还可以默许孩子装模作样戴上爷爷的大礼帽，手持拐杖，行步蹒跚，他会边模仿边大笑。

5～6岁：语言中体会幽默

待孩子长到5～6岁时，便可能开始对语言中的幽默十分敏感。如同音异义词和双关语的巧用，绕口令的学习，都能使他们感到趣味盎然。与此同时，你也应鼓励孩子学习猜谜，甚至由孩子自己编一些简单的文字谜语。

7～8岁：已经初具幽默感

7岁的孩子大多已上学。他们往往喜欢讲笑话，听笑话。如果此时大人们能做出引导，让孩子们知道什么是粗俗，什么是幽默，那当然更是明智之举。8岁以后的孩子已初具幽默感。父母应注意倾听孩子回家后讲述的有关学校生活的小笑话，并发出会心的欢笑。这也是一种父母对孩子的幽默感做出肯定的表示。

积极培养宝宝的交友能力

一位妈妈对专家说："孩子2岁的时候，我发现他有了交友的欲望。每当听到小朋友从楼道里走过，他总禁不住要开门看看。每次从幼儿园回来，他总是流连忘返。但经常因为不够勇敢或别的原因，交友的欲望总是很难满足。"

妈妈曾经将一些小朋友请回家，结果几个孩子又哭又闹，效果不佳。原来交友是一种能力，是需要培养的。

妈妈在宝宝2岁时就可以开始培养他们交朋友的能力了。

1.在游戏中教会宝宝与社会沟通的能力

通过做游戏，你的孩子将学会与他人分享快乐，遵守游戏规则。懂得轮流玩耍，而且通常情况下，他们也会礼貌地对待游戏伙伴。你可以试试下面这些活动来培养宝宝的能力。

• 跟我做。在这个游戏中，你可以组织许多蹒跚学步的宝宝跟随你做各种各样的动作，这些动作由你来命名，并且由你来表演，越滑稽越好。为了增加一些趣味，你可以在整个过程中设置一些简单的障碍，领着宝宝爬过枕头，穿过用纸箱做的隧道，或者绕着椅子一圈又一圈地走。

• 画大幅的图画。鼓励两个或更多的宝宝一起画画，可以用粉笔在人行道上画，或者在家里用蜡笔在一张纸上画。

• 跳舞。放些音乐，进入角色，看着你的宝宝和他的朋友一起投入地舞蹈。

• 老鹰捉小鸡。这种很古老的游戏不仅能增强宝宝的协调能力，还能培养他们的团队精神。

2. 当宝宝交友遇到困难时

• 不要给你的宝宝定性，也不允许别人给你的宝宝定性。社会技能应当被描绘为某些我们在努力学习的东西，而且任何宝宝的社会特性都不应该被描绘成固定的模式。比如说一个宝宝的害羞、迟钝或者好斗。任何定性的描述往往逐渐成为固定的行为，成为永久的性格。

• 与年龄更小的宝宝建立友谊，有机会让你的宝宝同比他更小而钦佩他的宝宝交往，锻炼他的领导能力和社会技能，这有助于他获得与同龄人相同水平的社会参与能力。

• 排除压力。当孩子们将注意力集中在如何回应长辈的问候或疑问时，他们的窘态和不自然会急剧加强。我们不应该到了这种时候才教宝宝要礼貌。应当提前教会宝宝应当怎么做，比如见了长辈要问好。

• 你也参与其中。通过同其他宝宝一起参与社会活动来帮助你的宝宝交朋友。约别的宝宝到院子里，组织一支侦察队；让你的宝宝和他的朋友一起过家家或者参加邻里的活动。

•将你自己作为宝宝的榜样。你未必要比你的宝宝做得更多、更好。但如果你回避一些社会问题，或者表现出这种倾向，会极大地影响你的宝宝。

•必要时寻求专业人士的帮助。对一些宝宝来讲，心理学教育可能对他有所帮助。如果你的宝宝极度胆小，总当"替罪羊"，或者非常好斗，极易发怒，告诉专家，他会帮助你找到宝宝与他人友好相处的恰当方式。

培养孩子交往能力22妙法

交往能力对于一个人能否很好地融入社会，充分展示自我的才能是非常重要的。但交往能力并不是生来就有的，也不是一日形成的，而应在孩子出生后即开始有意识地进行培养。

每位妈妈都希望自己的孩子日后拥有出色的交往能力，那么，应该怎样培养孩子的交往能力呢？

1.孩子刚出生时

孩子出生没几天便能注视妈妈，还能和妈妈眼对眼的看着，对妈妈的主动表示做出反应；非常喜欢看人的脸；对于妈妈的说话声很敏感，而且当你伸出舌来，他也会跟着伸舌。

（1）让孩子常常接触妈妈的肌肤，如多给孩子做皮肤按摩，让孩子的心里感到安定。

（2）回答孩子所有的反应，以建立双向"对话"。这样会大大地鼓励孩子"问话"的积极性。

（3）在孩子醒的时候，可在离他耳边10厘米的地方，轻柔地呼唤他的名字，通常孩子会非常高兴，并亲热地看着妈妈。

2. 孩子 1 ~ 3 个月时

满月后，孩子会通过笑、踢腿和挥手来表示烦恼、兴奋和快乐。特别是在 3 个月左右，表现出"天真快乐反应"，也就是每当他看见妈妈时，不仅专注地看着她的脸，同时手和脚也会高兴地乱踢蹬，并想牙牙学语地扑过去。

（4）采取母乳喂养，这样可以让孩子通过妈妈的乳房享受吃奶的快感，引发特有的天真快乐反应，促进孩子这种最初的社会接触体验。

（5）当孩子咿呀自语时，妈妈应主动与孩子交流，提高孩子发音的兴趣，并会模仿不同口型发出不同的声音；或播放一些音乐儿歌，让孩子在欢乐的气氛中咿呀学唱。

（6）每次孩子吃饱后以及醒着的时候，妈妈脸上要带着微笑与孩子对视着说话，并用和蔼亲切的声音多逗引孩子笑一笑。这种笑是孩子博得别人喜爱，尤其是妈妈喜爱的最有力手段，可表达出他与人交往的快乐。

（7）每当有这种需求时，妈妈都要积极给予回应。孩子哭时注意观察他为什么而哭，尽量满足需求，这样才能增进孩子以后对他人的友好及信任。

3. 孩子 4 ~ 6 个月时

孩子已经不甘寂寞了，他一见妈妈就会高兴地笑。如果妈妈突然离开他，他就会哭起来。到了五六个月左右，看到生人就有些紧张，会躲避也许还会哭，不愿让生人接近他，但孩子会通过抚摩妈妈的脸表示问候。

（8）从现在起，妈妈应注意不失时机地把一些陌生的客人介绍给孩子，让他逐渐从心里适应与生人接近。

（9）当孩子发出不同的声音时，妈妈要积极模仿，而且要不断地变化音高、音量，也可以故意给孩子听一些其他的声音，如风铃声、搓纸声等。

（10）多和孩子一起玩些生动有趣、能响能动的玩具，如小鸡吃米、哗啦棒、小熊打鼓等。

4. 孩子7～9个月时

孩子从镜子中看见自己时，会微笑起来，还会拍打及亲吻镜子中的自己，自我意识开始萌芽。当他与别的孩子在一起，他不仅看着人家，还伸手去摸，到了9个月左右时他甚至抢人家的玩具。

不过，他也想和别人做游戏，而且会搂抱、亲吻家人，举起手让别人抱。

（11）促进孩子的自我意识的萌芽，可让孩子多照镜子，帮助他区分出自己和他人，并学习一些简单的与人交往的动作，如挥手表示"再见"，摇头表示"不"。

（12）既然孩子有了与人碰触的愿望，妈妈就应该尽量多给予与自己的身体相互接触的机会，满足孩子心理上碰触的需求。

（13）当孩子发出"爸"或"妈"的声音时，父母要积极地答应，这样可促使孩子认识声音与人的沟通作用。

5. 孩子10～12个月时

孩子喜欢让别人笑，已经有了一些幽默感，与妈妈分别时知道要亲吻、搂抱一下。不过，有的孩子很"自私"，不让别人拿走自己的东西，如玩具。有的孩子却很"大方"，喜欢把自己的东西送给别人一起分享。有些孩子喜欢别人逗他玩，常常报以热情的微笑。

（14）妈妈要在孩子做游戏时，尽量让孩子多欢笑一些；讲故事时多讲笑话，并且要经常笑出声来赞许孩子，促进孩子的幽默感发展。

（15）开始培养最简单的社交，比如让孩子多和别的小朋友或不熟悉的人在一起，并教他在分别时与人挥手道别。同时，妈妈每次离开孩子时，一定要亲吻他，回来后要向他问好。

（16）当孩子对别人表现出"不礼貌"或"不友好"，妈妈要表示出不满意的样子，并教他怎样去做，避免孩子逐渐形成一些令人讨厌的毛病。

（17）如果孩子对人很礼貌，很友好，则应该点头赞许他，拍手叫好，以强化这种表现，这样会有助于孩子形成良好的交往能力。

6. 孩子 12 ~ 15 个月时

这么大的孩子很喜欢参加一些聚会。他会倾听别人的谈话，同时自己也能说一两个有意义的词，还会把玩具拿给别人玩，不过很快又会要回来。

由于学会了走步，孩子产生了探索新环境、结交新朋友的强烈愿望，但由于生活能力差，对妈妈的依赖性反而增强，妈妈一离开就哭。孩子的独立性与依赖性正在同时增长。

（18）可能的话，父母应多带孩子参加各种家庭聚会，并且不只是让孩子充当大人的"配角"，应该让孩子感到自己同参加聚会的大人一样。

（19）为了消除孩子的陌生感和害怕心理，把孩子介绍给不认识的小朋友或他不熟悉的人，并尽量让他和别人在一起。

（20）如果孩子在 3 岁之前很少与小朋友接触，3 岁以后则需很长时间才能习惯和小朋友一起玩。因此，妈妈要多带孩子出去，让他自由自在地和小朋友玩耍。

7. 孩子 15 ~ 18 个月时

孩子的独立性逐日增强，对妈妈干的家务活也感兴趣，甚至还能帮上一点忙。而且对大人也越来越感兴趣，经常喜欢模仿大人，还会对家人、家里的宠物、玩具娃娃表现出自己的喜爱。

（21）可有意识地让孩子帮助家人做些简单的事情，比如爸爸下班回来了，帮助拿一下拖鞋，以培养孩子助人为乐的精神。

（22）当孩子对小朋友、家人或宠物表现出爱和关切时，妈妈要及时鼓励并夸奖，激发孩子学会善于表达爱意的能力。

帮孩子建立一个情商工具包

孩子的情感智能越来越受到父母的重视，让孩子学会一些基本的情感技巧，如乐观、自信，建立积极的做事态度等，对于他日后的人生至关重要。

工具 NO.1：冷静下来

对于幼小的孩子来说，他的情绪反应往往来自身体，而不是情感方面。

身体健康的孩子，较少有极端情绪反应，更会善于控制自己的情绪，充满活力。

让孩子学会冷静下来，能够很好地掌控自己的思想、情感和需求，可选择孩子最轻松的时候进行，这时的孩子更乐于去尝试一些新鲜事情。

方式：

• 用手指在孩子的背上画字、数字或图形，让孩子猜。

• 让他的肌肉紧绷五秒钟左右，然后彻底放松。

• 有规律地让孩子把注意力集中到自己身体的各个部位——从双脚开始，慢慢地往头部方向移动。

• 深吸一口气。让孩子吐一口气，然后保持几秒钟，这样当他吸气的时候，就会自然而然地大吸一口了。

工具 NO.2：摆脱沮丧情绪

令人不快的经历一旦在孩子的情感记忆库里沉积下来，当他再遇到类似的状况时，这些记忆碎片就会被激活，产生更激烈的反应。这不仅让孩子自己难过，还会影响同伴对他的态度。于是，孩子会越来越在意旁人对自己的态度，变得越来越焦虑和自闭，形成恶性循环。

因此，在一天结束之前教孩子将当天的痛苦情绪过滤掉，实在是一件很好的事情，试着和孩子一起，选择一两项下面的活动，想象着把不良情绪释放出去。

方式：

• 让他发泄几分钟。在这个过程中，不要试图去压抑他的情绪。

• 做吐气运动，将"坏情绪"呼出来。

• 想象着自己站在明媚阳光下的一条凉爽清澈的溪水中，沮丧的情绪被溪水冲洗殆尽。

• 自己对自己说："让它去吧""没事儿""我现在感觉好多了"。

工具 NO.3：积淀愉快经历

每个孩子都会有很多积极正面的体验，如果这些愉快的瞬间能够积淀下来，将会成为孩子宝贵的精神资源。等到下次遇到不顺心的事情时，更会成为他自我安慰和鼓励的力量源泉。家长可以在晚上临睡前、在帮助孩子排遣掉不快的情绪时，教孩子学会如何将美好的时刻变成自己精神世界的一部分。

方式：

• 回顾一天的生活。

跟孩子谈谈那些美好的情景，比如与你共处时的甜美，完成某件事、学到新知识时的喜悦等。尤其要引导孩子去找找那些与自己平时感受不一样的场景。

• 情景再现。

首先，由孩子想象困难场景，让他通过有效的正确方法去面对，引导他想象正确行为所带来的良好情绪。

然后，在孩子所想象的困难场景之下，让他用不正确的方法处理，引导他想象因此在他的内心所产生的不良情绪。

最后，让孩子有意识地在以上两种处理方法中做出选择，并由他将这种方法"情景再现"地表现出来。

• 鼓励孩子。

鼓励孩子把正面的情感体验渗入自己的身体，就像水被吸入海绵一样。如果你的孩子处事过于谨小慎微，就鼓励他想象自己被意外撞倒的情景，看他如何想办法保持放松和冷静，从而不再担心自己是否摔疼了。如果你的孩子争强好胜，就鼓励他想象在一场棋类游戏中输了，看他如何摆脱这种让自己沮丧的情绪。

领导力

LEADERSHIP

一群在山里野餐的小姑娘走错了路，在潮湿与饥饿中度过恐怖的一夜之后，她们无望地失声痛哭。"人们永远也找不到我们。"一个孩子绝望地哭泣着说，"我们会死在这儿。"

然而，11岁的伊芙蕾汤站了出来，"我不想死！"她坚定地说，"我爸爸说过，只要沿着小溪走，小溪会把你带到一条稍大点的小河，最终你一定会遇到一个小城镇，我就打算沿着小溪走，如果愿意，你们可以跟着我走。"

结果，她们在伊芙蕾汤的带领下，顺利地走出了森林，最后她们的欢呼声引来了救护人。

人们也许会认为，像伊芙蕾汤这样的人生来就是领袖的材料，而其他人命中注定是跟随者。可是领袖并不是天生的，而是后天造就的。

领导力不但对孩子的将来有好处，对孩子在学校的表现也有帮助。孩子在教室及课余活动中所表现出的领导才能，比智力或学业成绩更能准确地预测他们未来的成就。

信心来自教导，因此应从小培养孩子有顽强的信心。当孩子成功地蹒跚着走向父母时，他们取得了第一次胜利，随之每一个小小的成功都会引导着他们取得下一个成功。

春季里的一天，邻居的一个小女孩在雨水浸泡的前院挖到一块石头，然后跑去对她爸爸说："爸爸您瞧，我找到的这块石头多漂亮！"她爸爸当时并未责备她弄脏了裙子，而是说："是啊，多漂亮的石头！

来，我们把它洗干净，这样就可以看清楚它到底有多漂亮了。"衣服上的泥浆可以洗掉，但孩子印象中的痕迹却会持续很久。

一个在体操方面很有前途的 12 岁小女孩来见总教练，总教练没有当即让她表演体操，而是给了她 4 支飞镖，要她投射办公室对面墙上的靶子。那个小女孩胆怯地问："要是投不中呢？"这几个字概括了她的性格，她不是把注意力放在如何成功上，相反却时时想到失败了怎么办。因此，生活中，你应告诉你的孩子，做任何一件事心里首先要想到成功，而不是失败。相信自己能成功的人才能取得成功。

一个小男孩因为太小而无法爬上滑梯的第一级台阶，他央求他的母亲，母亲并不是把他抱上去而是告诉他："动动脑筋你就有办法了。"小男孩想了想："何不把我的小车拖到那儿，然后站上去？""很好，去吧，孩子！"她说。小男孩这样做了，一切都变得十分容易了。

当你的女儿告诉你她要当一名足球运动员，或者你的儿子说他打算做一名登山运动员，而这些都不是你所希望他从事的职业时，你或许会说，"女孩子不可以干那个"或"太危险"吧？但你说错了，此时更多地应该是鼓励他们，尽管他们的梦想对你来说是多么稀奇古怪，值得你高兴的是他们已拥有较强的幻想力，而幻想力是创造力的导师。

"领袖不是天生的，而是后天培养的。"这一理念正传达到越来越多的家长心里。北美地区的许多学校都把培养领袖精神写进了他们的培养目标，告诉家长：即便我这个专业是培养电脑工程师的，您的孩子也会是工程师里的杰出者。

寻找到孩子智能的最佳点

被称为教育心理学鼻祖的桑代克认为："人的智慧百分之八十决

定于基因，百分之十七决定于训练，百分之三决定于偶然因素。"关于人的智慧中，先天和后天的因素究竟占多少比例，众说不一，还需研究探讨。但可以肯定，人的智慧与先天和后天两个因素有关。

我们在教育子女时，既要充分注意智慧的先天因素，又要注意进行与先天因素相一致的后天行为训练。

美国哈佛大学教授霍华德加德纳指出，通向成功的道路有许多条，在不同领域、不同行业，人们取得成功所需要的才能和智慧是不一样的，几乎每个孩子都有擅长的一种或几种才能。问题的关键在于家长要想了解自己孩子的先天基因的特点、优点和弱点，就需要在具体的实践中去寻找、比较和鉴别。

只要当父母的能寻找到孩子智能的最佳点，使其得到充分的发挥，那么，自己的子女就大有希望成为优秀的人才。

香港富豪李嘉诚，11 岁当推销员，6 年后成为该公司经理，22 岁创办长江塑胶厂，几年间成了塑胶大王。后进军地产业，不到 10 年成为地产大王。现已拥有资产约 180 多亿港元，成为香港首富。

但事实上，李嘉诚对其第二代的关心远远超过了对自己财富的关心。他深知，留给儿子金子，远不如留给他们一个点石成金的"手指"。

李嘉诚与夫人庄月明共生育两个儿子，长子李泽钜，出生于 1964 年，美国斯坦福大学土木工程系硕士；次子李泽楷，1966 年出生，美国斯坦福大学电脑工程学士、企业管理硕士。龙兄虎弟大器有成，成绩斐然，现已成为李嘉诚的左膀右臂，分别在各自的领域取得了令人瞩目的成就，引起社会的关注。

李嘉诚一贯勤俭诚信，要求儿子生活上克勤克俭，不求奢华；事业上注重名誉，信守诺言。他特别教导儿子要考虑对方的利益，不要占任何人的便宜，要努力工作。

当儿子们刚刚懂事时，李嘉诚便经常对两个儿子进行颇为独特的商业实践教育。每逢董事局开会，兄弟俩就坐在专为他们设置的小椅子上列席会议，看着父亲如何与其他商人谈生意。

开始兄弟俩觉得新奇好玩，瞪大眼睛，认真听父亲和各位董事讨论工作，有时大家争得面红耳赤，吹胡子瞪眼睛，兄弟俩吓得哇哇直哭。李嘉诚却对孩子说："孩子别怕，我们争吵是为了工作，正常现象，木不钻不透，理不辩不明嘛！"多年来的潜移默化，加上父亲的耳提面命，儿子们对商业产生了浓厚的兴趣。

有一次李嘉诚主持董事会讨论公司应拿多少股份的问题，他说："我们公司拿 10% 的股份是公正的，拿 11% 也可以，但是我主张只拿 9% 的股份。"

董事们有的赞成，有的反对，争论不休。这时李泽钜站在椅子上说："爸爸，我反对您的意见，我认为应拿 11% 的股份，能多赚钱啊。"弟弟李泽楷也急忙说："对，只有傻瓜才拿 9% 的股份呢！"

"哈哈……"父亲和同事们忍俊不禁。他说："孩子，这经商之道学问深着呢，不是 1+1 那么简单，你想拿 11% 发大财反而发不了，你只拿 9%，财源才能滚滚而来。"

实践证明李嘉诚的决策是英明的。公司虽然只拿了 9% 的股份，但生意兴隆，财源茂盛。

后来李泽钜和李泽楷在美国斯坦福大学以优异的成绩毕业了，想在父亲的公司施展才华，干一番事业。

李嘉诚知道后，沉思了片刻说："我的公司不需要你们！"

兄弟俩都愣住了，说："爸爸，别开玩笑了，您那么多公司不能安排我们工作？"

李嘉诚说："别说我只有两个儿子，就是有 20 个儿子也能安排工作。但是，我想还是你们自己去打江山，让实践证明你们是否合格到我公司来任职。"

兄弟俩这才恍然大悟，原来父亲是把他们推向社会，去经风雨，见世面，锻炼成才。

兄弟俩到了加拿大，李泽钜开设了地产开发公司，李泽楷成了多伦多投资银行最年轻的合伙人。李嘉诚在香港常常打电话问兄弟俩有什么困难他可以帮助解决。

兄弟俩总是说："谢谢爸爸的关心。困难是有的，我们自己可以解决。"

其实李嘉诚不过是随便问问，并不真的想帮助他们解决什么困难。当然兄弟俩对父亲的为人最清楚了，你真的求他帮助解决困难，他也不肯帮助。父亲的"冷酷"似乎不近人情，但兄弟俩理解他的良苦用心……

兄弟俩在加拿大克服了许多难以想象的困难，把公司和银行办得有声有色，成了加拿大商界出类拔萃的人物。

两年后，李嘉诚把兄弟俩召回香港，满面春风地说："你们干得很好，可以到我公司任职了。"并面授他们一些经验说："注重自己的名声，努力工作，与人为善，遵守诺言，这会有助于你们的事业。"

李嘉诚欣慰地看到两个儿子的迅速成长和出色业绩，终于可以心安理得地宣布退休了。

每当人们称赞兄弟俩时，李泽钜说："感谢父亲从小对我们的培养教育，他是最好的商业教师，尤其在教授'不赚钱'这点上。我从父亲身上学到的最主要的是怎样做一个正直的商人。"

孩子之间的差异是很大的，作为家长需要承认差异，因人施教，教育才能成功。

有的孩子视觉发达，有很强的图像分辨和对比能力，对色彩和层次反应敏感，表现出很好的空间天赋。那么，可能在绘画、摄影、设计或造型方面有特长。

有的孩子听觉发达，对声音的分辨能力很强，容易掌握音调和节拍。在识谱和记谱方面有特殊的能力，对音乐的兴趣十分浓厚，表现出很好的音乐天赋。那么，可能在音乐、乐器方面有所发展。

有的孩子身体协调性、柔韧性强，平衡机能好，机械模仿能力极强，喜欢运动，有比较强烈的表演欲望。那么，可能适合舞蹈、体育和机械性工作。

有的孩子思维能力强，记忆力和逻辑推理能力很强，创造力和想象力丰富，喜欢动脑，愿意做复杂的计算，在计算、运算、推理方面有天赋。那么，可能在科学研究上有特长。

有的孩子表达能力强，在语言方面很有天赋，愿意与人交流，喜欢听故事、讲故事、看书。那么，可能在写作、翻译等方面更有发展。

还有的孩子交际能力强，在管理和协调方面很有天赋，喜欢在孩子中扮演领导角色，愿意管理别人，适应能力很强。那么，可能在政治、教育、管理和社会活动方面发展得更好。

了解孩子的差异，找到智能的最佳点，不是件容易的事。孩子的潜在能力，有时要经历很长一段时间的训练，才能较为充分地发挥出来。有的要经过多次实践，除去表面想象，才能真正发现孩子智能上的特点。

有些父母由于对孩子的期望值过高，不能对孩子的潜能做出正确的评价，他们往往从考试的成绩来评价，而评价的标准则来自父母的期望值。有时候总是拿孩子与最优秀的孩子相比，或者拿孩子的短处与别的孩子的长处相比，以致造成了对孩子认识上的偏差。

实际上，用成绩来评价孩子的能力，是认识上的一个误区。孩子学习成绩不够好，并不能说明孩子就没有能力，特别是没有潜能。自己的孩子比别的孩子差，并不一定就是智能上差，这里有多种因素在起作用。

一些著名的科学家小时候并不显得十分聪明，也有的在小学和中学时成绩一般。但是从他们成长的经历中，往往可以发现他们从小在某些方面很早就露出了特殊的才能。正是家庭发现了他们的这些特点，给予了适当的教育，最终使他们能够成才。

伟大的发明家瓦特，小时候被称为"功课奇差的笨小孩"；绘画大师毕加索，被称为"绘画的天才、数学的白痴"；英国首相、著名的政治家丘吉尔，曾经两度考试落榜，人们普遍认为他的口才极差，甚至说话结巴；卢梭小时候被认为是"不良少年"；甘地年轻时一度十分颓废，后来才开始发奋，被认为是"浪子回头金不换"。

这些天才们在表现出某些方面的无能时，另一方面的潜能也在逐步显现。因此，作为家长，要了解孩子，及时发现孩子的潜能，精心培养，而对于孩子在某些方面的无能和缺陷，应该给予更多的宽容和理解。

理解孩子必须重视孩子的潜在价值，想方设法挖掘他的潜能。当孩子还没有显现出某种能力或长处时，为了让孩子自信，家长必须相信他能做到，并给予鼓励。当孩子已经显露出某种能力或特长时，应该尽量给他表现的机会，使他的这种能力和特长得到充分的发挥。

家长要真正做到理解孩子，就要放手让孩子去做，允许孩子去做脱离父母设计和安排的事，允许孩子做错事，甚至做出一些"傻事"来。因为有时候聪明的孩子也会做出一些让人难以理解的事，这些事情在大人们的眼中看起来似乎是傻事。但是，从这些事情中却可以发现孩子的兴趣和潜能。做父母的必须理解孩子的这些行为，并且允许孩子发表与父母不同的看法和意见。

孩子小时候的玩耍，大部分都是模仿成人的游戏，是他们进入社会前的角色演练，同样对他们各方面的能力提高大有好处。在玩的过程中，会显露他们的一些才能和智慧。事实上，玩得好的孩子在学习上大都有灵气，而在学校里，在学习上花费时间最多的学生往往不是学得最好的。据了解，一些著名科学家往往也是游戏高手，或者在音乐、体育方面也很有造诣。

适度的玩，对激发孩子的潜能是有好处的，家长应当支持孩子在不影响学习的前提下，帮助孩子玩，和孩子一起玩。

感受"自我"和"自我存在"

儿童到了 3 岁左右，大脑的生理发育开始趋于成熟，大脑皮质细胞分化基本完成，这就使孩子具备了感受"自我"和"自我存在"的心理基础，形成了强烈的独立行动的意愿。这时的孩子就已经开始了决策，例如选择谁做自己的玩伴，选择怎样的玩耍方式，是否参加某一游戏，是否愿意充当游戏中的某一角色等。

儿童早期的决策能力训练主要是培养其独立性。孩子的事应由孩子自己思考、自己判断，父母可以帮助他们分析，引导他们决断，但不要过分干涉，更不能包办代替，代其决策。大事小事都为孩子安排得好好的，孩子的一切行动都按照父母的指令执行，这种教育下的孩子由于缺乏决策训练和习惯，其独立性和独立思考能力差，表现出明显的依赖和退缩，处理问题也优柔寡断。

金宇中是韩国大宇集团的创始人、前董事长，他以 1 万美元创立大宇公司，并把这个毫不起眼的小公司发展成世界知名的大企业集团。

1936 年 12 月 19 日，金宇中生于大邱的一个书香门第。父亲金容河是大邱师范学校校长，并兼任汉城商业大学教授。母亲全仁恒毕业于高等学府，曾担任过大韩妇女会副会长。他们婚后生有 5 子 1 女，金宇中排行第四。

作为教育家，金容河十分注重孩子们的早期教育。他为 5 个儿子分别立下奋斗目标：希望长子台中将来成为教育家，二子贯中成为政府要员或军人，三子德中成为医生或学者，四子宇中成为商人，五子成中成为法律学家。

父亲经常夸奖宇中有一种天生的商人素质。这种潜移默化的教诲在金宇中幼小的心灵上留下了深刻的印象，并成为他奋发向上的动力。后来，金宇中真的成了商界巨子。每当他向人们讲述往事时，总要提到父亲的启蒙教育对他的巨大影响。

1950 年，朝鲜战争爆发。金容河为孩子们编织的梦被打碎了。随着战争的逐步升级，金宇中的家境日渐衰落。父母不得不暂时离开汉城外出避难，大哥、二哥在外读书，三哥也离家出走。家中仅留下金宇中，带着他 9 岁的弟弟和 7 岁的妹妹，过着清贫的生活。生活的重担过早地压在了他那柔嫩的肩上。

那年，金宇中刚满 15 岁，是汉城京畿中学二年级学生。为了不让弟弟妹妹挨饿，他产生了做买卖挣钱的念头。

做什么买卖呢？他冒着酷暑来到附近的农贸市场，四处观察，却不知自己能做些什么生意。时过晌午，他累得汗流浃背，口干舌燥，真想喝上一碗凉茶解渴。他环顾四周，竟没发现一个卖凉茶的。"我何不卖冷饮呢？"他似乎找到了一条生财之道。

正好金宇中家里有一台冷饮机，他决定自做冷饮。于是，他买了一些冰块放进冷饮机，再注入凉开水，掺些橘子汁，撒些白糖，调成黄颜色，冷饮便制好了。可是，冷饮并不如想象中的那么好卖，整整一上午才卖出 20 碗，减去成本，仅仅是不赔不赚。这种不赚钱的生意是无法做了，那又该做什么好呢？

　　回到家里，他发现自家菜园里的萝卜长势格外喜人，便决定做萝卜生意。他到菜园里拔了些萝卜捆成 30 捆，用小推车推到市场叫卖。想不到不出半天工夫，30 捆萝卜就全部卖光了。第二天，他发现 15 里外的孤岛上有一大片无主萝卜地。因为战乱，萝卜地的主人举家逃难去了。这可是天赐的无本买卖！从此，他正式做起了萝卜生意。

　　萝卜生意虽小，金宇中却从中学会了做生意的诀窍。从一开始生硬别扭的叫卖到后来的主动推销兜售，从胡乱捆扎、不注重商品的外观到仔细琢磨怎样捆扎才外形好看，吸引顾客……强烈的商业意识在无形之中便一点一滴地融入了金宇中的脑海里。

　　随着做生意的技巧日益提高，金宇中一天能卖 100 多捆萝卜，但战争期间粮价暴涨，兄妹 3 人也只够糊口。到了深秋，卖萝卜的旺季一过，一家人的生活又难熬了。

　　祸不单行。一天清早，在外"避难"的母亲突然回家，告诉孩子们半个月前父亲外出后失踪，至今下落不明，十有八九已死于战乱之中。话未说完，母亲的眼泪就掉了下来。金宇中心里一酸，扑在母亲怀里大哭起来。

　　寒冬来临，大雪纷飞，家中的粮食所剩无几，值钱的东西也已卖完了。母亲只好领着儿女们离开汉城回老家大邱市。哪知大邱的生活比汉城更艰难。母亲找不到工作，全家陷入了走投无路的境地。金宇中心急如焚，暗下决心：绝不能让全家人坐等饿死，一定要挑起全家生活的重担。他决定去当报童。

　　当时卖报的报童很多，但金宇中与别的报童不同。他卖报不仅腿勤口勤，而且善于动脑。报童们喜欢到离报社近的西门市场卖报，那里来往人虽多，可大多数是本地人。

　　金宇中与众不同，他发现较远的防川市场更有利可图，尽管市场规模较小，但附近居住的是躲避战火的北方难民，他们要比当地人更爱看报，希望从中得到故乡的消息。

报童们总是一边卖报一边收钱。金宇中认为这样虽稳妥却费时。为了独占市场，他除了预先准备好零钱外，还采取了先看报后收钱的办法。每天一大早取到报纸后，他就急忙跑到防川市场。从市场入口开始他便把报纸迅速发给面熟的老顾客，直到市场末尾把100份报纸分发完才回过头来一一收钱。

这样做看上去冒险，但实际上几乎没有人不付钱。到了下午4点，已卖完报纸的金宇中，又从别的报童手上低价买进报纸，拿到市内繁华区去卖。晚上9点，他又蹲在凤山洞邮局门口把剩余的报纸卖给下晚班的北方难民。这样一来，金宇中一天能卖上150份报纸，最多时高达200份，收入基本能维持一家4口人的生活了。这一段在大邱卖报的生涯，为他日后的飞黄腾达奠定了基础。

后来，金宇中成了大邱无人不晓的报童，并且成为10名卖报领班人之一。他每天取报分发给报童，收领班费，此外他还亲自外出卖报，实际拥有双份收入，后来他回忆起这段生活时，总是自豪地说自己是一个贫困而又不平凡的少年商人。

在发达国家的家庭里，父母普遍都重视从小培养孩子的自理能力。之所以如此，是因为发达的市场经济要求社会成员必须具备这种能力和精神。

在美国，家庭教育是以培养孩子富有开拓精神、能够成为一个自食其力的人为出发点的。父母从孩子小时候就让他们认识劳动的价值，让孩子自己动手修理、装配摩托车，到外边参加劳动。即使是富家子弟，也要自谋生路。美国的中学生有句口号："要花钱自己挣！"农民家庭要孩子分担家里的割草、粉刷房屋、简单的木工修理等活计。此外，还要外出当杂工，出卖体力，如夏天替人推割草机，冬天帮人铲雪，秋天帮人扫落叶等。

在瑞士，父母为了不让孩子成为无能之辈，从小就着力培养孩子自食其力的精神。譬如，十六七岁的姑娘，从初中一毕业就去一家有教养的人家当一年左右的女佣人，上午劳动，下午上学。这样做，一方面可以锻炼劳动能力，寻求独立谋生之道；另一方面还有利于学习语言。因为瑞士有讲德语的地区，也有讲法语的地区，所以一个语言地区的姑娘通常到另外一个语言地区的人家当佣人。其中也有相当多的人还要到英国学习英语，办法同样是边当佣人边学习语言。掌握了三门语言后，就去办事处、银行或商店就职。长期依靠父母过寄生生活的人，被认为是没有出息或可耻的。

在德国，父母从小就培养孩子自己的事情自己做，从不包办代替。法律还规定：孩子到 14 岁就要在家里承担一些义务，比如要替全家人擦皮鞋等。这样做，不仅是为了培养孩子的劳动能力，也有利于培养孩子的社会义务感。

在日本，在孩子很小的时候，父母就给他们灌输一种思想，"不给别人添麻烦"。并在日常生活中注意培养孩子的自理能力和自强精神。全家人外出旅行，不论多么小的孩子都要无一例外地背上一个小背包。父母认为："这是他们自己的东西，应该自己来背。"上学以后，许多学生都要在课余时间在外边参加劳动挣钱。大学生勤工俭学的非常普遍，就连有钱人家的子弟也不例外。他们靠在饭店端盘子、洗碗，在商店售货，照顾老人，做家庭教师等挣自己的学费。

除了自理能力需要培养外，孩子的决策能力也决定了一个孩子是否具有领导才能。那么，怎样培养孩子的决策能力呢？可以采用以下几个方法：

• 独立决策法。要求孩子在任何行动前学会动脑筋想一想，该怎么做，不该怎么做。对较大些的儿童，可要求他们在行动之前设计详细的选择决策方案，分析每项选择的利弊，总体权衡，做出决策。

• 集体讨论法。例如一项游戏的决策，可让参加游戏的孩子集体讨论，甚至激烈争论，最后的决策代表多数人的意见。也可由父母提出一件事，让孩子参加决策性讨论，使孩子达到学习的目的。

• 实践比较法。让孩子独立思考，提出决策意见，然后按孩子的决策行动，检验结果，帮助孩子进行结果分析，评价决策的优劣，使孩子学会对复杂问题冷静思考，提高孩子的决策能力。

让孩子自己选择

家长与孩子在一起的时候，常常会出现这样一种情况：一方面要求孩子对待学习和生活中的问题要自己想办法解决；另一方面却对孩子没有信心，当孩子遇到问题的时候，总是怕孩子没有经验自己不能解决问题，因而就想方设法帮助孩子解决。

家长这种"舍不得"让孩子独立思考、自己解决问题的做法，不仅会养成孩子过分依赖的习惯，而且阻碍了孩子独立性的养成。而独立地分析和解决问题的能力对孩子的发展是很重要的，它是孩子在社会上生存以及进行创造性活动必备的心理品质，是孩子成才的基本前提。

21世纪社会变化更加剧烈，一个缺乏独立性的孩子是无法适应现代社会需要的。

美国父母十分注重让孩子自己选择，认为一个人做出什么样的选择，就是在描绘他今后的人生，对孩子的成长至关重要。当小孩子刚开始具有理解能力时，他们就让孩子自己在可能的范围内去选择。比如，对一个2岁的小孩，每天早晨，当他起床的时候，让他从T恤衫、裤子、袜子中挑选自己喜欢穿的衣物。

父母应该相信，孩子通过选择能养成自理的能力，当他长大后，能从容面对日常生活中许多重要的选择。

从孩子刚会说话和行走开始，就应努力寻找机会锻炼孩子独立选择的能力以及独立生活、做事的能力，如让孩子挑选他喜欢玩的玩具，让孩子自己睡，起床后自己穿衣、叠小被等。

"不听话"常常是孩子要独立做事、表现自己力量的信号，家长应理解他们的执拗，鼓励孩子在日常生活中显露出的独立性萌芽。只要孩子要干的事在安全、合理的范围内，就不强迫他听从父母，而给他独立、自由的机会。

在孩子遇到困难时，父母不要急于帮忙，更不要被孩子大哭大闹的"激将法"所吓倒，而要鼓励孩子自己动手动脑、独立克服困难。

亚蒙哈默是美国西方石油公司的董事长，是一位颇具传奇色彩的人物。在西方，他是点石成金的万能富豪，而在苏联和中国，他却是家喻户晓的"红色资本家"。因为他是第一个与苏联合作的西方企业家，被列宁亲切地称为"哈默同志"；他又是第一个乘坐私人飞机访问中国的西方企业家，被邓小平誉为"勇敢的人"。《哈默自传》在中国更是成了颇受欢迎的畅销书。

哈默是俄国移民的后裔，于1898年5月21日生于美国纽约市。他的曾祖父弗拉基米尔是俄国犹太人，曾在沙皇尼古拉一世时以造船而成为巨富。到哈默的祖父雅各布娶妻生子时，一场台风引起的海啸把家财冲刷得荡然无存。

1875年，雅各布带着妻子和儿子朱利叶斯移居美国。朱利叶斯长到15岁时，就放弃了学业，到一家钢铁厂当铸造工，赚钱以补贴家用。

他年轻力壮，在工人中成为举足轻重的人物。他参加了社会劳工党，组织工会，成为积极的社会主义者。朱利叶斯19岁时，去应聘当了药剂师。几年后，他用积攒下的工资买下了老板的药店，后来又开了两家分店，办了一家制药厂。

就这样，这个年轻的社会主义者成了年轻的资本家。但是，朱利叶斯并没有放弃他的信仰，依然是美国社会主义运动的忠实追随者。1897年在一次社会主义者郊游中，朱利叶斯与一个年轻的寡妇罗丝一见钟情，不久即结婚。

一年后，他们有了第一个孩子，朱利叶斯特地给儿子起名为亚蒙哈默，据称这取意于美国社会劳工党的旗徽——"手臂（Arm）与锤子（Hammer）"。

哈默出生后仅4个月，父亲朱利叶斯考上了哥伦比亚医学院。在后来的4年中，朱利叶斯既要经营药店和制药厂，又要攻读他的医学课程，但他不愧是坚强的男子汉，做到了学业和事业两不误，终于在1902年毕业。这一成就的取得，对后来哈默的成长影响很大。

朱利叶斯认为治病救人比做买卖赚钱更重要，便毅然将药店和制药厂卖掉，在纽约市布朗克斯地区办了一家诊所，成了一名医生。他行医一生，曾拯救了5000多个婴儿的生命。

在父亲的言传身教下，孩子们长大了。哈默是三兄弟中最不听话的，但也是最富有创造精神的一个。

他逃过学，经过父亲的教育，学习从中等上升到第一。课余还学会了摆弄无线电，制造飞机模型，并在高中毕业班演讲竞赛中获得了金质奖章。此外，他还迷上了诸如洛克菲勒、卡耐基等白手起家的美国著名企业家的传记，开始四处寻找赚钱的门径。

16岁那年，他正在读高中，就成功地做了第一笔"大买卖"。一天，他在百老汇大街看见一辆双座旧敞篷车在拍卖，决心要买下来。他向在药店售货的同母异父哥哥哈里借款，并胸有成竹地保证不久就偿还他。原来，他已从报纸的广告中找到可做的工作了，即用汽车为一个糖果商送货，每天可得到 20 美元的酬金。果然，两周后，他不仅如数还清了哥哥的钱，获得了这辆汽车，而且口袋里还有钱币在叮当作响。

3 年后，即 1917 年，哈默在完成两年的医学预科课程的基础上，踌躇满志地来到久负盛名的哥伦比亚医学院，递交了入学申请。主管注册的工作人员上下打量他后说："你是朱利叶斯医生的儿子吧？1898 年你出生的那年我办理了你父亲入学的申请，今天我又在这里欢迎你。"

就这样，哈默自豪地成为哥伦比亚医学院的学生，命运之舟载着他似乎正沿着子承父业的方向前进。

然而有一天，父亲来到校园找到哈默，告诉儿子一个坏消息：他倾尽积蓄投资的制药公司濒临破产，而他本人因身体不好，特别是还想继续行医，没有精力去顾及公司的管理，因此，他要求儿子去当公司的总经理，但不许他退学。他强调说："儿子，我过去就是这么干的，你也可以这样子。"

其实，父亲的担心是完全没有必要的。哈默早就跃跃欲试。他极其兴奋地迎接了这样的挑战。为了不误学业，哈默邀请一个家境贫困而学习优异的同学住在一起，免费供给对方食宿，条件是这位同学每天去上课，做大量的笔记，晚上带回给他，供他应付考试和写论文。

有了这个学习的"替身"，哈默就可以专心致力于公司的经营了。他改革了公司的经营方针和推销方法，组织了一支强有力的推销员队伍，并把公司名字也改为响亮的"联合化学制药公司"。

哈默终于把岌岌可危的公司从破产边缘拯救过来，雇员从十几人发展到 1500 人，产品畅销全国，公司开始跻身于制药工业的大企业行列。

时隔不久，哈默成了哥伦比亚医学院，乃至全国院校中独一无二的正在大学攻读学位的百万富翁。1919 年美国的年平均收入是 625 美元，而那一年哈默个人的净收入超过 1 亿美元。在学习上，他的大多数考试成绩是 "A"，并被评为毕业班里 "最有前途的学生"。1921 年 6 月，他取得了童年时就梦寐以求的医学博士学位。从此，人们始终尊称他为博士，尽管他以后从未正式行过医。

1979 年 5 月，应邓小平的邀请，81 岁的哈默成为第一个乘坐私人飞机访问中国的西方企业家。

此后，西方石油公司与我国政府签订了一系列经济合作协议。其中，年产 1533 万吨原煤的山西平朔安太堡露天煤矿是哈默博士与我国合作的最大项目，也是当时中国最大的中外合资企业。

未来是属于孩子的，孩子未来的路要靠他们自己去走，未来的生活要靠他们自己去创造。这一切都不是父母替代得了的，深爱孩子的父母们，让你的孩子从小学着自己走路吧！

在培养过程中，父母需要注意的是：

1. 为孩子创造独立思考问题和解决问题的机会

能够顺应孩子的天性，不断给孩子创造独立思考问题、解决问题的环境，促使孩子有机会尝试困难和创新，并不失时机地加以引导，使孩子逐渐脱离父母独立地做各种事情、面对各种人，久而久之，孩子的独立性自然就形成了。

2. 帮助孩子强化自我意识，树立积极的自我形象

孩子小的时候，一般自我意识较差，容易依赖他人，特别是依赖他人的评价。有人夸奖他，他就以为自己很好，有人批评他，他就以为自己不好，不同的评价使孩子分辨不清自己，也没有能力客观地从别人的评价中看到真实的自己。所以，父母要尽力帮助孩子确立一个积极的自我形象，明白自己虽有各种缺点，但更有长处。

3. 培养孩子的责任心

孩子能够坚持独立将事情做完、做好，其主要动机来自于对所做的事情的一种责任心。因此，家长们在培养孩子独立性的同时，应重视孩子责任心的养成。孩子由于年幼而缺乏知识和经验经常出现一些过失，这毫不奇怪。关键是家长要通过帮助孩子处理过失，使孩子真正懂得什么是责任，怎样才能做到对自己的行为负责。所以，只要孩子有一定的能力，家长就应该舍得让他们自己承担责任。这既可锻炼孩子的独立生活能力，又体现出现代父母正确的爱。

培养孩子的合作精神

韩国"现代集团"的领导者之一郑梦准说："企业需要发展，不能单靠某个人，只有依靠集体，个人才能创造出成绩。"

不仅企业如此，我们生活中的绝大多数事情都离不开合作，像足球、篮球、排球等各种集体比赛项目，都要求队员们保持彼此之间的良好协作；交响乐团也是如此，只有配合默契，方能奏出优美的乐曲。

韩国人很在意对孩子合作意识的培养。现在，韩国的独生子女比较多，家长们意识到培养孩子与他人合作的精神显得尤为重要。

吃饭时，他们不给孩子拿筷子或勺子，让孩子自己去拿，一来不让孩子养成依赖大人的习惯，二来也让孩子体会到，筷子和碗是配套使用的，缺了它就吃不成饭，不能用手抓着吃。父母在做家务的时候，经常让孩子帮着拿点小东西或干点力所能及的事情，并给予鼓励和表扬，久而久之，使孩子体会到与人协作是件很开心的事情。孩子上学后，家长特别支持孩子参加集体活动，希望通过群体性的活动培养孩子的协作意识。

美国学者朱克曼曾做过一项研究。他发现自 1901 年诺贝尔奖金颁发以来的 75 年中，286 位获奖者中 2/3 的科学家是与人合作而获奖的。他又以 25 年为一阶段进行了比较研究，发现与人合作而获奖者，第一个 25 年为 41%，第二个 25 年上升为 65%，第三个 25 年竟达到 79%。

科技愈发展，一个人要取得事业上的成功就越需要具备与人合作共处的良好品质。没有互相关心、支持与合作就很难取得事业上的成功。有专家指出：21 世纪的成功者将是全面发展的人，富有开拓精神的人，善于与他人合作的人。

美国心理学家卡耐基也说过：一个人的成功 30% 靠才能，70% 靠人际关系。

培养孩子的合作精神，首先要给孩子一些思想准备，对家务劳动与家庭生活进行一些讨论是必要的，如关于孩子的年龄与做事的能力，关于大家生活在一起应相互帮助，关于每个人应负的责任，随后便是列出家庭生活所包括的劳动项目等。

这本身对孩子就是一个很好的教育，知道维持一个家庭的正常生活需要花费多少劳动，因而体会到父母的辛苦。这样的讨论会在孩子们心中建立起家庭是一个生活团体的概念，每个人都要各司其职，相互帮助，才能生活圆满。

到郊外野餐是美国孩子们十分喜欢的假日活动之一。劳动节的周末，威尔逊和埃迪的父母要带他们去州立国家公园爬山，然后野餐。

临行的前一天，一家四口人商量了该如何进行准备：妈妈负责去超市买食品，爸爸准备烤肉的炉子，9 岁的威尔逊提出负责所有餐具，11 岁的埃迪负责准备调料。爸爸提醒他们是否列出一个单子，一则防止遗漏，二则若家里没有的物品，可及时去买。威尔逊很快就列出了单子，请爸爸过目，随后便开始准备；而埃迪却跑到外面找邻居的孩子玩。爸爸警告他带齐调料，否则野餐不会好吃。埃迪一边往外跑一边说："放心吧，我会带好的，别担心。"爸爸不大相信他会准备齐全，想自己来做，转念一想应当给埃迪一个锻炼机会，不要越俎代庖，于是便没有再督促埃迪。而埃迪也很开心地玩到很晚才回来，到厨房里忙了一会儿，搞出来一袋子瓶瓶罐罐，便上楼回房去睡了。

第二天一早，爸爸并没有再检查埃迪的准备工作，一家人高高兴兴上路了。走了两个小时的山路，选好了野餐的地点，大家开始准备午餐。等肉烤熟后，每人倒了一杯饮料，整理好盘子，围着野炊点的木制桌椅坐下，开始往烤肉上倒调料。

"埃迪，烤肉汁在哪里？"埃迪伸手到袋子里去找，怎么也找不到。

"我记得从冰箱内拿出来的，怎么会没有？"

"你有没有列在单子上？"

"我没有列单子，我记得我把所有的调料都拿出来了。"埃迪又翻了一遍，大家都在那里等着。埃迪最终也没有找到，不觉惭愧地低下了头。

这样的经验教训是深刻的。埃迪知道由于自己的疏忽，不但影响了自己，也影响了别人，使这次的活动大为逊色。这时爸爸并没有说一句责怪埃迪的话，但整个形势本身对他的教育已比任何话语更有效。

妈妈和爸爸有没有想到埃迪会忘掉一些东西呢？完全可能，或者说是在他们的意料之中。

如果爸爸出面督促埃迪按列的单子准备，像威尔逊一样，情况会怎样呢？首先埃迪会感到爸爸不信任他有能力料理这件事，自尊心会受损；再者爸爸反复督促，会使埃迪感到很大的行动限制，有为人所驱使的感觉。这两项加起来就会使埃迪产生抵触情绪，极可能甩手不干，或与爸爸短兵相接大吵一场，让大家都不愉快，最后所有的事情还是需要妈妈来做。爸爸即使成功地迫使埃迪按照自己的方法去做了准备，野餐因此而毫无缺憾，但埃迪并没有接受任何经验与教训，反倒加深了对爸爸的强制方法的反感。

埃迪父母选择不参与的方式是明智的。尽管这次野炊因埃迪遗漏了调料受到了一些影响，但对埃迪的成长却有深远的影响，教育他懂得作为集体一员应具备的责任心，懂得做事要认真有程序的道理。

与人合作的能力，已成为当今世界人才的重要素质之一。目前由于独生子女数量大大增加，任性、脾气大、与人合作能力差成为大多数孩子心理品质上的弱点。有些家长把孩子视为掌上明珠，对他们百依百顺，使这些孩子只知道自己，很少想到别人，逐渐养成了"以我为中心"的不良心理状态。

现代社会在要求人们进行激烈竞争的同时，又需要人们进行广泛的、多方面的合作。其实，这两点并不矛盾。同样，人在社会上，如果缺乏与他人合作的精神和合作的能力，那么，他不仅在事业上不会有所建树，就连适应社会都很困难。

因此，从孩子懂事时起，就应有意识地培养孩子与他人合作的精神和能力。那么，家长如何具体地去做呢？

1.让孩子学会悦纳别人

所谓悦纳别人，是指自己从内心深处真正地愿意接受别人。从实质上来讲，合作是双方长处的珠联璧合，也是双方短处的相互遏制。因此，只有相互认识到了对方的长处，欣赏对方的长处，合作才有了真正的动力和基础。

所以家长要常和孩子讲"金无足赤，人无完人"，不能因为别人有这个缺点或那个毛病，就嫌弃他、疏远他。为此，家长要教育孩子多看并善于发现别人的长处，并诚心诚意地加以赞美，而不是采取一种"不承认主义"。家长自己平时在工作和生活中，也应坚持这种态度来对待他人，成为孩子的表率。

2.教孩子学会分享

假若孩子凡事都自私自利，斤斤计较，那么他就难以与别人友好相处，更谈不上进行有关的合作活动了。因此，家长有必要让孩子表现出一定程度的慷慨大方，体会到分享的快乐。

这里面有些家长值得注意的原则和技巧问题，比如要让自己的孩子和别的孩子分享他所喜爱的玩具，切忌对他进行强迫，也毋需向他讲一些空洞的大道理。不妨这样跟他说："你玩一会儿，让他玩一会儿，你们俩都高兴高兴，不是很好吗？"适当地引导孩子，多给他鼓励，他就会感到分享对他不是一种剥夺，而是一种增添更新、更多乐趣的机会。

当孩子较小时，父母不妨就对孩子进行这方面的"分享训练"。当孩子手中拿着画册时，父母可拿着一个玩具，然后温柔地、慢慢地递给他玩具，并从其手中取走画册。这样通过反复训练，孩子便学会了互惠与信任。

3.让孩子多参加有利于产生合作关系的活动

家长可以让孩子玩一些诸如共同搭积木、拼图等需要协作的活动，还要鼓励孩子参与如足球、篮球、排球、跳绳等体育活动。这些活动既有团体之间的对抗与竞争，又有团体内部的协调与一致，这就更有利于培养参与者的合作精神。

而今已经发现不少的孩子不同程度地存在着以自我为中心、占有欲强、依赖性强、不关心别人等心理上的缺点，这些缺点与家长的教育方式有很大的关系。因此，我们在关爱自己的孩子、重视物质营养均衡的同时，切不可忽视了精神营养。

那么，孩子不会与同伴合作该怎么办呢？

1. 要提高孩子与同伴合作的意识，激发孩子与同伴合作的愿望

爸爸妈妈可利用节假日带孩子去菜场、小吃店、商店等需要互相协调工作的地方。孩子一个人玩的时候，爸爸妈妈可问孩子："你的汽车要加油吗？""你的变形金刚会打仗吗？"激发孩子渴望与同伴合作的愿望，主动与同伴交往。

2. 要教会孩子与同伴友好合作的方式，学会为别人着想

爸爸妈妈应教育孩子在活动时对同伴有礼貌，用别人喜欢的名字招呼他们；要与同伴互相谦让，友好相处，分享玩具、图书；对大家都喜欢的玩具不争抢，可以让别人玩一会儿，自己玩一会儿，大家"轮流玩"。这样，可以使孩子遇事想到别人，知道有了同伴，才能玩得更愉快。

3. 要积极鼓励孩子参加游戏活动

游戏是培养孩子合作交往能力最有效的办法，在游戏中孩子可逐步摆脱"自我中心"。如让孩子跟邻居的同伴玩"娃娃家"的游戏，孩子可以做娃娃的爸爸、妈妈，在游戏中履行爸爸或妈妈的义务，洗衣、做饭、带娃娃。孩子从一个人玩发展到与同伴共同游戏，也就发展了合作能力。

4. 要教会孩子解决合作中遇到的小纠纷

孩子与同伴在活动中意见不统一或玩得不愉快时，爸爸妈妈应及时引导孩子相互商量用什么方法可以使大家都玩得愉快，如用猜拳、轮流等方法，协调关系，确定共同的目标，使活动顺利进行。

专家这样告诉你

一个独立、自信、有责任感、喜爱创新、乐于学习，能将生活中的感觉与观察转换成能量释放出来的人，常是团体中的决策者。那么父母如何从生活中给予协助和引导，让孩子成为优秀的领袖人才呢？

有的家长说："我的孩子在别人面前，就容易低着头，畏畏缩缩。"有的家长说："我的孩子人际关系不好，同伴都不喜欢和他在一起。"有的家长说："我的孩子一讲起话来就滔滔不绝，也不管别人。"还有的家长说："希望孩子学习怎么样当个好领袖，能独当一面。"

从诸多家长的期待中，我们发现，家长们总是希望孩子成为一个有自信、尊重人、人际关系和谐、优秀的孩子，那么该如何培养孩子具备这些特质呢？专家指出，领袖未必是天生的，后天的培育与磨练同样可以产生领袖人物。领袖之所以成为领袖，其必然具备某些与众不同的特质，而这些特质是可以学习的，问题在于肯不肯学习及如何学习。

如何培养孩子的领袖特质呢？它对孩子有什么帮助？以下这些原则可供父母参考：

1.尊重自己

除了学习尊重别人外，也必须尊重自己。尊重自己就不会让自己做出令人难堪的事，会勇于承担责任，履行自己的诺言，并且会正视自己的缺点，虚心接受别人的指正。相反地，不懂得尊重自己的人，会变得毫无原则，朝三暮四，遇到挫折时容易自暴自弃，这样的人不仅不适合当领导人，在为人处世上也不容易成功。

2.专注力

孩子若专注力不足，将会影响学习的品质和效果；相反地，对任何事若是能够专心投入学习，不仅学习品质得到良好培养，相对地学习成果也会高人一等。平时父母可以通过玩积木、拼图、看故事书等方式来训练孩子的专注力。

3.主动学习

孩子的主动性就是他生命的动力。因为主动才会好奇探索，观察思考，从中得到喜悦和经验；相反，孩子一旦被压抑，不是变得狂野、顶撞或盲从，就是退缩，拘谨。父母可以在日常生活中，发掘孩子的兴趣，并引导他们主动学习，让孩子在愉悦心情下，对学习产生兴趣。

4.创造力

创造力对孩子的生活及整体的发展，有其意义和重要性。它可以引发孩子的好奇心与生活层面的拓展，孩子还能从"创造"的过程中获得自信心；而好奇心、自信心及生活层面的拓展是孩子增长智慧的有利条件。

5.独立性

太过依赖父母的孩子，对任何事总习惯"予取予求"，其自理能力相对地也会降低。因此，从小训练孩子养成独立的习惯，如自己穿衣、穿鞋、吃饭、解决问题等，对他的成长是很有帮助的。

6.表达能力

了解孩子的语言发展阶段及特性，循序渐进，尊重并协助孩子学习表达自己的意见，不仅亲子之间可以获得良好的沟通，同时也能培养孩子绝佳的表达能力。表达能力佳，对他日后在人际关系及生活处世上，将有很大的帮助。

7. 逻辑思考

逻辑思考能力强的人，能有规律地处理日常生活事物，且会学习思考解决问题，以及有效完成一些工作；遇到问题时，不会盲从、不知所措。平时，父母可以由认识数字、爬楼梯、数数等，训练孩子这方面的能力。

8. 礼貌训练

懂事的孩子人际关系好，领导能力亦佳。在团体中，他们能够跟别人合作，一起完成事情；也能明白自己的行为举止会对别人产生什么影响，因此可以得到较好的友谊和自我评价，获得成长和学习的机会自然也比别人多。

9. 同情心

孩子同情心的激发，可以让孩子学会如何与人分享和助人；做任何事情时，也较能明白他人的感受，站在他人的立场设想。生活中，父母可以利用游戏、角色扮演的方式，建立其同情心，及如何去体察别人的感受和需要，成为一个愿意主动付出和给予的人。

执著精神

PERSISTENCE

　　有这样一个故事：一位好心的老人，在草地上看到一只蝶蛹，便把它带回家精心保护起来。过了几天，蛹里的幼蝶把壳拱破了一道缝，可挣扎了好长时间总出不来。老人着急了，便为它做了个"手术"：用剪刀将蛹壳剪开，帮助幼蝶脱壳而出。幼蝶是出来了，但它是病态的，翅膀干瘪无力，总也飞不起来，不久就夭折了。这时老人才弄明白，原来幼蝶必须经过一番痛苦的挣扎，直到双翅足够强壮时才能冲破蛹壳，这是它生命的一个必然过程，缺少了这个过程，自然就丧失了生命力。

　　其实，孩子的成长过程和蝴蝶的出生有相似之处。让孩子在少年时期吃点苦头，受些挫折，经历些磨难，可以成为他们人生经历的财富，而且是比学业更重要的一笔财富。在一些发达国家，有不少人主张并实施对孩子的"挫折教育""吃苦训练"。这些人深信一个道理：人在少年时不经历磨难是不行的。

　　许多成功的企业家都经历过童年的磨难。这些磨难虽然最终被克服，但在童年由幸福的小伙伴反衬出来的痛苦异常深刻，让人终生难忘。也就是在这时，那些孩子会暗暗发誓：终有一天，我会证明，我比人们想象的更出色，更坚强，我将笑在最后。

　　现在一些成功的企业家在对待他们孩子的教育问题上，也是极为重视，孩子们多是白天上课，晚上打工，自挣学杂费。这倒不是为了省钱，而是他们想以此让孩子经受更多的磨炼，以利于他们更好地把握未来，将来在社会上站稳脚跟。

究竟该如何对待孩子？卢梭说过一句话："人们只想到怎样保护自己的孩子，这是不够的，应该教他在成人后怎样保护自己，教他经得住命运的打击，教他不要把豪华和贫困看在眼里，教他在必要的时候，在冰岛的冰天雪地里或者马尔他岛灼热的岩石上也能够生活。"

卢梭这番话告诉我们：磨难，对孩子不是坏事；恰恰相反，它对孩子的未来人生是不可多得的、宝贵的财富……

有的孩子做事情虎头蛇尾，一开始决心很大，干劲很足，但是三天热乎劲儿，后边就稀松平常了。这种孩子意志品质的优势在确定目标、确定行动阶段，而弱点在于坚持性和自制力上。对待这样的孩子，在确定目标之后，要打预防针，提醒他一旦干起来，就要克服困难坚持下去。在行动过程中，则要帮助孩子正视困难，克服困难，加大自我管理的力度，不断地激励他。在接近目标时，尤其要讲"行百里者半九十"的道理。经过几次这样的过程，孩子的薄弱环节就会得到扭转。

有的孩子做一件事开头犹犹豫豫，难下决心，而干起来之后则能够较好地坚持。这种孩子的优势在执行计划，而决定计划方面薄弱，内外因素干扰使他难以果断做出决定。对这样的孩子就应在一个行动的起始阶段，帮他分析利弊因素，尽快确定目标，培养孩子的果断性。

"千里之行，始于足下"，从小事做起，持之以恒，是磨炼意志的好方法。许多在事业上有成就的人，都曾通过小事情磨炼自己的意志。苏联科学家巴甫洛夫，以工作精确、细致著称。他写字十分工整，像印刷出来的一样。原来在年轻时，他就是把工工整整地书写作为自己磨炼意志的开端的。

正如著名文学家高尔基所说："哪怕对自己一点小的克制，都会使人变得强而有力。"家长培养孩子的执著精神，要从孩子"小的克制"

入手。

从小事做起，只是起点。培养执著精神要随着孩子的成长和进步，从小到大，从易到难，从低到高地磨炼孩子。当孩子能够迎接越来越大的困难和挑战的时候，一个意志坚强的孩子就站在家长面前了。

培养在"黑暗中看到光明"的自信心和技巧

很多爸爸妈妈总希望自己所有经历过的痛苦、挫折，都能够作为经验让孩子学习和借鉴。但是家长忽略了一个问题：如果一个人没经受过任何痛苦、挫折，他的挫折承受力就无法增强。只有遇到真的痛苦，孩子才能体验出人生的道理。

我们的家长特别重视知识的学习、智能的培养，但是社会经验的学习也是非常重要的。如果家长因为爱孩子，就要为孩子承担所有的痛苦、挫折，这并不是真正的爱。

在日本，创造了"本田"这一品牌、被誉为"摩托之父"的本田宗一郎，只有小学文化程度，却在复杂的环境中，惨淡经营，花费毕生精力，创建出世界一流的企业。随后又毫不吝惜地把它交给与自己没有丝毫血缘关系的年轻人，自己过起了恬淡的生活。

宗一郎自幼就对机器有特别的兴趣。他的印象始于碾米厂的发动机，那是3岁时的事了，宗一郎老缠着祖父带他去看"隆哒隆哒"轰轰作响的机器。当时发动机还很少，机器转动，随着隆哒隆哒的响声，进去的稻谷就变成雪白的大米。

宗一郎还喜欢看机器锯木头，总是百看不厌。在家里，他经常到大人干活的地方去捡一些废弃不用的铁屑，做一些在成人眼里是莫名其妙的东西。

村里第一次装电灯时，宗一郎又惊又喜。在他眼里，腰里别着钳子，在电线杆上安装电线的电工，就像一位英雄。一回到家里，他就骑在祖父的肩上，乱揪祖父稀疏的头发，叫嚷着："我要当电工，我要当电工！"并为此乐得手舞足蹈。

小学二年级那年，有一天，宗一郎听说村里来了汽车，便一溜烟地跑了去看。头一回见到汽车，挺新鲜的，它就像马车拉的带篷的箱子，走得慢吞吞的，小孩子都可追上它。汽车喷出一股带汽油味的废气，宗一郎跑在后面，吸了个够。车一停，油箱就漏油，直往下滴。他还想闻一闻汽油的味道，就把鼻子紧贴地面，像狗一样在地上嗅。这样还觉得不过瘾，又伸双手去沾汽油来闻。

这一年还有一件使宗一郎难忘的事情。他听说20多公里外的滨松步兵连那里，将举行飞机飞行观摩表演大会。宗一郎知道父亲是绝不会让自己去看的，只有逃学。他独自骑上父亲的自行车走了。到了那里才发现，练兵场被高高的围墙围住，要收10分钱入场费。宗一郎没钱，十分扫兴，但又不肯罢休，就爬到一棵松树上去看。

虽是从远处观望，但他还是看见了庞大的飞机。飞机发出隆隆响声，扬起尘土，就在观众面前做爬高、旋转的飞行表演。飞向蓝天的巨大机体，使这位少年赞叹不已。这件事成了少年宗一郎下工夫钻研机器的决定性原因。

从此以后，宗一郎常扮成飞机驾驶员，用厚纸做一副飞行眼镜，把竹制的螺旋桨装在自行车前面，骑车兜圈玩。

当时，光明村几乎没人懂得优秀的学习成绩与将来的职业、地位之间有什么关系。宗一郎家人口多，父母要拼命干活才能勉强维持生计，顾不上过问孩子的学业。因此，宗一郎的学习成绩总是很差。但是有一条：起床和吃饭时，宗一郎要是晚了，父亲就毫不客气训斥。父亲一向严守时间，这可能与他从事的铁匠工作有关，所以父亲常说：

"趁热打铁。"在长期家庭生活和父亲的影响下，宗一郎一生都严守时间，从不轻易迟到。

但是，生活依然如故，贫困潦倒。宗一郎一年到头只有那么一套衣服，袖口上擦满鼻涕，干了以后变得硬邦邦的。

有一年端午节，宗一郎到邻居家去玩，想看看摆着的武士木偶，邻居却说："像你这样的穷小子不要来玩！"并把他撵走了。这一件事，使宗一郎恨透了以钱财取人的做法。他恨恨地说："你等着瞧吧！总有一天我也会成为富翁的。"

1922年，宗一郎的父亲由于劳累过度，损伤了肩膀，不能抡起铁锤打铁了，于是改行买卖自行车。

他家卖的是旧车，以廉价购进破旧车子，精心修理，擦亮后再出售。即使是改行搞买卖，父亲严肃认真的工作态度一点也没变。由于他掌握了焊接技术，断了车架的车子也能修好，其他的自行车店就做不到这一点。父亲不仅仅是补好了车胎，还把车闸和链条拆下来检查一遍，要不然就不放心。宗一郎的父亲常说："经我手修的自行车比新的还好骑吧！"

宗一郎并不想在光明村呆一辈子，他早就下了决心，小学毕业后就到东京去。快毕业时，他在父亲订的一份《自行车世界》杂志上看到了一则招工广告，于是说服了双亲，去信应聘。录取通知书很快就寄来了。毕业典礼一结束，宗一郎马上随父亲到东京去了。

宗一郎应聘的是一家名叫技术商会的汽车修理厂。这下可以天天接触到盼望已久的汽车了，可以拆卸、研究它的构造，可以调配安装，还可以驾驶它。但是，理想和现实完全是两码事。16岁的宗一郎在这里的职责是给主人照看孩子。他兄弟姐妹共9人，自己是老大，在家得照看弟弟和妹妹，到东京来原以为可以不管孩子的事了，想不到这里和在家毫无两样。宗一郎天天摇摇篮、背小孩。孩子在他的背上尿尿，师兄们就嘲笑说："本田背上又画世界地图了。"看到师兄们个个手拿工具，满身油垢，忙于干活儿，而自己却手拿抹布擦地板。由于失望和悲伤，宗一郎想过逃走。但是，每当想起父亲严肃的面孔和母亲期盼的脸，他又打消了这个念头。

这种生活持续了半年多，实在是太厌烦了。有一天，主人对宗一郎说："小伙计，今天实在是忙不过来了，你来帮一把吧。"宗一郎一听高兴极了，马上就去干了起来。由于修理过自行车，他摆弄起来得心应手。从此以后，宗一郎的手艺得到了承认，照看孩子的活儿减少了，修理汽车的活儿逐渐多了。

正因为是自己喜欢干的工作，宗一郎进步很快。他有时还背着主人驾车到外面去兜风。

宗一郎后来说："人没有刺激就不会进步，经受的痛苦和获得的荣誉往往成正比。因为痛苦的经历可成为一股动力，成为人生飞跃的基础。"

从上面的故事我们可以发现，"挫折教育"的一个重要内容就是培养孩子对受挫的恢复力。乐观的孩子不是没有痛苦，而是能很快从痛苦中解脱，重新振奋。父母应认真培养孩子在"黑暗中看到光明"的自信心和技巧。

此外，西方专家一致认为，父母对生活的态度很大程度上影响孩子的认识。患得患失、斤斤计较、悲悲戚戚的父母常常有同样品质的孩子。

"挫折教育"就是使孩子不仅能从别人或外界的给予中得到幸福，而且能从内心深处激发出一种寻找幸福的本能。这样在任何挫折面前才能泰然处之。

正确看待挫折的教育价值

当代儿童精神分析家贝特尔海姆说过："我认为现代教育中最糟糕的是使人相信，困难是容易避开的，这完全是现实的错误想象。"

长期以来家长们普遍深信，孩子年龄小、心理承受力差，因而只能接受良好的环境，误以为"挫折"只能使孩子痛苦、紧张，因而把挫折看成是有百害而无一利、必须给予杜绝的东西。这种观念直接影响了孩子。

其实，一个人受点挫折，尤其是早期受一些挫折，很有好处。孩子遭受挫折的经历有利于培养现代人的良好品德，有利于发展人的非智力因素，有利于丰富知识，提高能力。

因此家长应正确看待挫折的教育价值，把它看成是磨炼孩子意志、提高适应力和竞争力的有力武器。

有一名老教授的孩子，从小学到高中不仅学业一直名列前茅，其他方面也非常优秀，他从来就没输过。然而上了重点大学之后，在众多的尖子生中很难再独占鳌头，他输了，但没有输得起，就因为考试分低，学校要他留级，就离校出走了。同样的例子还有，在某市重点高中高考落榜的学生中有人服毒自杀，后因抢救及时才获救。

现实生活中，除这些遇挫折而自杀、出走的典型事件外，青少年中其他心理问题的发生率也很高，在独生子女身上尤为突出。究其根源，与孩子成长过程中没有获得对挫折的适应力有直接关系。

美国的"石油大王"约翰戴维森洛克菲勒从小家教就很严格，他靠给父亲做"雇工"挣零花钱。他清晨便需到田里干农活，有时帮母亲挤牛奶。他有一个专门用于记账的小本子，把自己的工作量化后，按每小时 0.37 美元记入账，而后与父亲结算。这种事他做得很认真，感到既神圣又趣味无穷。

更有意思的是，洛克菲勒的第二代、第三代乃至第四代，都严格照此办理，并定期接受检查，否则谁也别想得到一分钱的零花钱。

洛克菲勒这样做并非家中一贫如洗，也不是父母有意虐待孩子，而是为了从小培养孩子勤劳节俭的习惯和艰苦自立的品格。

那小账本上记载的岂止是孩子打工卖力的流水账，分明是孩子接受磨难和考验的经历！

其实，在不少发达国家，家长对待在校学习的孩子，要求也是非常"刻薄"的。

在日本，许多学生利用课余时间，在饭店洗碗、端盘子，在商店售货或照顾老人，做家教等，挣钱交学费、零用。

美国人一贯教育孩子自主自立，七八岁的小孩就成了"小生意人"，出售他们的"商品"挣钱零用。美国中学生有个口号："要花钱自己挣。"每逢假期，他们就成了打工族，学习自食其力。

现代的独生子女在其成长过程中，父母总想方设法排除一切干扰，让其顺利成长，缺少甚至没有刺激和磨难，适应力从何而来？遇到挫折又怎能输得起呢？

现实生活是教育孩子的最好教材，父母应有选择地将自己事业和家庭生活中遇到的挫折和不如意告诉孩子，为孩子正确对待各种挫折和不如意树立榜样。父母对生活的热爱、执著、不怕困难的态度和坚强的意志，是孩子面对挫折的最强有力的精神支柱。

过于优越的环境会使孩子形成依赖、懦弱、退缩且自尊心又很强的畸形性格。这样的孩子缺乏顽强的进取精神，经不起挫折。家长应在孩子成长过程中有意识地创设挫折情境，让孩子获得适应能力。

对孩子不包办一切，不有求必应；让孩子参加各种劳动；在生活中减少享受，刻意锻炼吃苦精神；在和小朋友的游戏中让他体验失败和不如意；让孩子明白"天外有天，人上有人"的道理，经常把孩子放在强手云集的大环境中（如参加各种竞赛等）去锻炼。这样既可克服孩子的骄傲心理，催其奋进，又可让其在早期体验挫折，增强心理免疫力。

创设挫折情境要把握好挫折的质与量，使之既有利于提高孩子的适应能力，增强其韧性，同时又不超过孩子的心理承受限度。

培养训练与灌输说教完全是两回事

7岁的琳琳很喜欢玩汽车玩具，爸爸给他买了一个红色的小汽车，琳琳可高兴了。但没过几天，爸爸发现新买的汽车就被琳琳扔到一边，置之不理了。琳琳的爸爸很困惑：为什么孩子变化得这么快？

可能很多父母都会有与琳琳爸爸同样的感触，孩子做事很容易虎头蛇尾，钻研不下去，再好玩的玩具玩过一段时间也就扔在一边了。

父母要注重从小就对孩子专心行为的培养，使他们逐渐养成专心致志、持之以恒和始终如一的好习惯。教育孩子时，培养训练与灌输说教完全是两回事。培养孩子的坚强意志品格，可从让孩子参与简单有趣而又富有挑战性的小事做起。

今天，大多数父母都知道对孩子进行早期教育的重要。也正是因为这样，在生活中，许多父母想方设法省吃俭用，为子女添置设备，让孩子去学钢琴，学书法，学舞蹈，学英语……比起出生在20世纪六七十年代的人来说，现在的孩子拥有更多的特长、更强的能力。

但这些特长对孩子以后成长究竟有什么用处？如果是孩子不感兴趣的、被迫学习的，怎会钻研下去呢？家长教育孩子，是应该追求"大而全"还是"少而精"呢？

事实上，我们所看到的很多商界奇才、知名企业家，都是在某一方面有浓厚兴趣，并有这方面特长的人。当他们对某一问题产生强烈的兴趣后，就会集中精力钻研下去。

1925 年 8 月 26 日,郑裕彤出生于广东顺德县贫穷偏远的伦教镇。郑家不是个有钱人家，加上当时广东境内连年战火不停，生活就更加困难，只好全家到澳门去避难谋生。

在殖民主义统治下，澳门也不是穷人的天堂，少年郑裕彤眼中所见和耳中所闻的，多是人间的苦难和不平之事。小学毕业后，郑裕彤就失去了继续求学的机会。母亲无可奈何地对他说："不要再读什么书了，你也长大了，该去找点零活干，挣点钱养家糊口了。"就这样，郑裕彤走上了打工仔的道路。那时的郑裕彤，个子不高，身材单薄，但是机灵而乐观，整天有说有笑的，打工的苦和累似乎也减轻了。1940 年,15 岁的郑裕彤到父亲的朋友周至元所开的"周大福金铺"去当学徒。最初的工作只是扫地、倒痰盂、洗厕所，空余时间才在店面学习接待点小生意。

那时，在店里做伙计、当学徒的人，总指望自己将来能有机会出人头地。但是大家都知道，最后能成功的人是很少的，所以连学徒之间都免不了明争暗斗，每个人掌握的做生意的诀窍，绝对保密，从不肯告诉别人，一有机会总还想到老板面前告别人的状。

郑裕彤做事勤快，爱动脑筋，机灵可爱，常常得到老板的夸奖，所以就更多地受到别人的关注。有一段时间，郑裕彤早晨上班总是跑得气喘吁吁，还常常迟到，很快便有人去向周老板告状，说郑裕彤学徒不安心，很可能是想"跳槽"了！

周老板也觉得郑裕彤近来有些反常。这天早晨，周老板故意早早地来到金店，伙计们开工好一会儿了，才看见郑裕彤跑得头上冒汗赶来。周老板板起脸，严厉地责问他说："你从哪里来? 为什么迟到? "

郑裕彤解释说："我看人家珠宝行做生意去了。"

周老板好奇地望着这个小伙计，忍不住问他："那你说说，你看出什么名堂没有？"

郑裕彤胸有成竹地回答："我看别人家的生意，比我们店里做得精明。只要客人一踏进店门，店里老板、伙计总是笑脸相迎，有问必答；无论生意大小，一视同仁；即使这回生意做不成，给人家留下一个好印象，下回还会光顾。待客礼貌、周到是非常重要的！"

周老板听了十分高兴，他当然明白，这些都是经商的诀窍，能从一个小学徒口中说出来，就更加难能可贵了。他沉吟片刻，又问："就是这些了？"

郑裕彤见老板高兴，便兴致勃勃地继续说："还有，店铺一定要选在生意旺地，门面要装潢得新颖别致，珠宝行和金铺更要豪华气派，不能简陋寒酸……我看人家把钻石放在紫色丝绒布上，宝光闪闪，拍出来的广告照片，效果很理想！我想我们金店也应该扩大珠宝生意。"郑裕彤这一席话，使老板从此对他另眼相看，认定这小伙计将来会有前途。当天晚上，周老板就递给郑裕彤一个小红包，里面装着他对郑裕彤的奖励。

从那以后，周老板总是有意识地培养郑裕彤，提拔他当店里的主管，使他能施展才华。逢年过节，周老板总是把郑裕彤叫到自己家里去吃饭。到他成年之后，周老板又把女儿周翠英嫁给了他。

人们都羡慕郑裕彤的运气好，郑裕彤的母亲说："你们只看到了幸运，却没有看到我儿子工作起来像拼命！"

郑裕彤和周老板成了一家人，周老板在经营上也就更加放手让他去干。1945年，周老板让郑裕彤到香港大道开设了一家分店。到20世纪50年代中期，郑裕彤已经掌管着周大福珠宝行的全部账务，并且负责黄金交易和钻石、珠宝生意。经过十几年的苦心经营，郑裕彤的经验越来越丰富，业务也越来越广。1956 年，周大福珠宝行的一位老股东把自己的全部股份转让给了郑裕彤，岳父周至元也只保留了部分股份，而把经营权全部交给了郑裕彤。

每位父母都要根据自己孩子的特点，发现孩子的兴趣，让孩子专心在某一领域开拓，刻苦钻研。在此给父母们的建议是：

• 欲速则不达。强迫孩子学习，逼得太紧，会使孩子变得焦躁，不耐烦，潜意识里产生逆反心理，因此变得健忘。

• 不要吝啬对孩子的夸奖。孩子学习有进步了就要给予表扬，这样能起到很大的鼓励作用。不要过分批评他的错误，因为这样会影响他的情绪，而导致他更大的错误。

• 要让孩子尝到成功的滋味。孩子一旦对成绩灰心失望就会产生厌倦情绪，循序渐进才能使他树立起自信心。例如孩子的语文成绩好但数学差，就让他先做语文，后做数学。做数学的时候，首先让他做些简易的题目，增加信心后，才去做那些较难的。

母亲的力量发出的光芒是耀眼的

有一位作家说："民族之间的较量，实质上就是母亲之间的较量。"母亲对子女的爱，没有办法用天平和温度计去测量，甚至连它的样子也没法去描述。但来自母亲的力量是如此的平凡，又是如此的伟大，它发出的光芒是耀眼的，并震撼着整个世界。

"金利来，男人的世界"，这句家喻户晓的广告词早已深入人心，而作为"金利来"这一品牌的创始人曾宪梓先生，更是为人们所仰慕。在他身上，集有香港事务顾问、中华全国工商业联合会副主席、广州中山大学名誉博士、美国爱荷华大学政治学博士等各种荣誉。但很少有人知道，曾宪梓的童年和青年时代却是在贫困中度过的。是他的母亲，一个坚强、能干、善良、严格的母亲，一直陪伴着他，同甘共苦，培育他从贫困中奋起。

曾宪梓的父母亲都是勤劳朴实的农民，全家生活在一个位于粤东群山之中的偏僻小山村。由于操劳过度，曾宪梓4岁时，父亲便去世了。母亲蓝优妹甚至还没来得及擦干眼泪，就穿着打补丁的衣服，头上插着哀悼她亡夫的小白绒花，早早出门给人帮工，从此开始"里里外外一把手"的操劳。

客家妇女大多具有贤惠、勤俭、贞节、自尊的优良品德，蓝优妹更是其中的典型。面对艰难的生存环境，她没有改嫁，而是咬紧牙关，开始精打细算，凡事从长计议。她知道，只有拼命干下去，才会出活路，苦日子才能熬出头。

当时的曾家，只有几分薄田，青黄不接时，一家大小只能靠旱地里的番薯充饥，生活完全没有来源。为了活下去，蓝优妹不得不外出去做男人才做的挑石灰、挑盐等重活。

蓝优妹很早开始就有意识地培养孩子劳动的习惯，让孩子亲自参加劳动，这样不仅锻炼了身体，增强了体质，更能让孩子获得一些劳动技巧和精神财富，一生受益无穷。

曾宪梓很小就学会了做饭，才五六岁就已经能够做各种杂粮煮成的稀饭。辛苦劳作的母亲放工回来后，他就兴高采烈地盛上一碗，端在母亲面前，等着母亲享用。在母亲的督促和影响下，小宪梓非常勤奋。

从外表看来，曾宪梓黑黑粗粗的，但实际上，他却十分心灵手巧，只要是他认为该学的东西，一学就会。没有网，他自己织；没有线，他自己搓；养鸡，自己做鸡笼；养猪，自己搭猪栏；扁担、箩筐等杂物都是自己做；在乡下，没有煤烧，小宪梓就用竹子做成竹扒，将落在地上的松毛和松球扒来烧。时时刻刻，他都在劳动中享受自己的小发明、小创造。

正是劳动，练就了他一双结实灵巧的大手，后来也正是这双手，缝制出一条条做工别致的领带，奠定了事业的基础。

蓝优妹虽然是一个普普通通的女人，但她无论什么样的农活全都会干，并且干得十分漂亮。在乡下，有种被客家人称之为"搭杆棚"的农活，必须先打下4个木头柱子，上边架起木头，再在上面一层一层地堆满专门为牛储存的稻草。这种农活，一般的客家男人都不大愿意去干，因为要冒被摔伤的危险，而胆大心细、心灵手巧的蓝优妹却干得非常好。小宪梓在一旁钦佩地看着母亲，自豪地对村里人说："我妈妈会教我，我也跟我妈妈学，我长大了也会很有本事。"

香港的《东周刊》杂志曾经刊载了这样一则消息："领带大王曾宪梓以简朴著称，平日吃的是青菜白饭，即使请客，消费也以4 000元为限。"一个拥有市值40亿元企业的富人，生活如此简朴、节约，也许会让人匪夷所思，可是对于吃番薯粥长大、尝透饥寒交迫滋味的曾宪梓，这种不为常人所能理解的节衣省食的习惯，已经成为他人生的必不可少的一部分。

他永远也不会忘记小时候，母亲为了节省口粮，精心计算番薯粥里该放多少米；忘不了母亲熬夜挑灯，将哥哥的旧衣改制成自己的衣衫；更忘不了母亲时常对自己说的话："细狗（曾宪梓的小名）哇，过日子要细心打算，不能顾了今天，忘了明天，不管什么时候，节省都是我们的本分哟。"

曾宪梓把母亲的教诲牢牢记在心里。冬日里，蓝优妹由于经常赤脚下田，双脚生了冻疮，并裂开一个个露出红肉的裂口，再赤脚下田的时候，痛得钻心。但她想到第二天还得下田，如果不处理，裂口会越来越大，于是就决定用针线来缝合它。

于是，她将双脚泡进热水里，等裂口上的皮肤泡软之后，再咬着牙一针一线地将裂口缝起来，每缝一针，鲜血直流，小宪梓在一旁，也心疼得眼泪直流，蓝优妹忍痛安慰儿子："傻孩子，不缝好怎么办呢？裂口会更大更痛的，没事的，忍一忍就过去了。"这一幕永远铭刻在曾宪梓的心里。

有一年，大旱得厉害，田里极需及时灌水，蓝优妹好不容易向别家借了一架水车，可是讲好只能用一个早上，所以尽管不忍心，她还是将正在睡梦中的两个儿子叫起来帮忙："大狗，细狗，天已经亮了，该起床了，趁太阳还没有出来，凉凉爽爽做事啊。"

于是，兄弟俩一边揉着惺忪的睡眼，一边哈欠连天，开始迷迷糊糊地踩着水车的踏板车水。就在母子三人将 4 亩水田车满水时，小宪梓觉察出来了，抬头看到天上又大又圆的月亮，恍然大悟，高声对母亲说："好哇，妈妈骗人，天还没亮。"蓝优妹听了，充满怜爱地笑起来。

宪梓兄弟俩非常理解妈妈的苦心，想想妈妈的"诡计"，再望望月亮，不禁一起大笑起来。在笑声里，他们觉得这点苦算什么，和妈妈一起劳动，一起与苦难作斗争，才是件快乐的事。

穷苦人家的日子过得太痛苦太艰难了，小宪梓不止一次对母亲说："我长大了要挣好多好多的钱，要给妈妈买新衣服、新鞋子。"

到今天，曾宪梓想起当初的誓言，仍深有感触："从母亲带着我们的艰苦生活中，我幼小的心灵深深感受到穷苦人家不可言传的那种疾苦，我心里面便有一股强烈的志气，那就是我长大后一定要好好做人，一定要改变这种贫穷的生活。"

高中毕业后，曾宪梓因各种原因未能考上大学，蓝优妹为此哭了许久，但她没有过多责怪孩子，而是对他说："细狗，做事不怕失败，就怕三心二意，认准了的事就要好好去做。"

在彷徨近一年之后，曾宪梓终于认定自己的目标仍是上大学，于是他辞掉了工作，经过努力，终于考上中山大学。蓝优妹知道这个消息后，高兴得热泪盈眶。

与我们今天的许多家长认定"读大学"是孩子的惟一出路有所不同，蓝优妹尊重孩子的选择，她只灌输一条真理给孩子，就是做事要认准目标，并为之勇往直前。

蓝优妹在管教自己的儿子方面，有一个与众不同的地方就是：任何时候、任何情况下，她从不袒护自己的儿子，只要是儿子与人家发生了争执，不管自己的儿子对不对，她首先会教训自己的儿子。虽然她心里明白，这样做对儿子不公平，但她觉得自己实在找不到一种比这样处理更好的办法。

对此，曾宪梓长大后深情地说："这是我妈妈特别聪明的地方，她既不会袒护自己的孩子，也不会责怪人家替自己的孩子辩护，这样我们家孤儿寡母的日子才比较容易过，妈妈也因此在村里威望很高。"

蓝优妹不仅教育孩子宽容待人，在忍饥挨饿的情况下，还不忘让自己的孩子去关心帮助别人。小宪梓是个捉黄鳝的好手，每当春天插秧季节，他就马不停蹄地钓黄鳝，家里的大水缸里养满了黄鳝。小宪梓自己是不吃黄鳝的，但母亲喜欢吃。母亲吃的时候，小宪梓一旁看着，满心喜悦。蓝优妹看着这么多黄鳝，就让小宪梓送给村里照顾过他们家的人，小宪梓听了有些不乐意。蓝优妹便告诉他，做人是要知恩图报的，一个会关心帮助别人的孩子才是好孩子。小宪梓听了，就一家一家地送黄鳝去了。

母亲对曾宪梓的教育和给予他的爱，使得曾宪梓自己也成为一个真诚对待生活和朋友的人。母亲教会了曾宪梓去爱每一个人，而曾宪梓也因此获得了众人的尊敬和爱戴。

教育孩子，母亲的作用不言而喻，我们也来听听，孩子喜欢什么样的妈妈呢？

- 喜欢就事论事，讲道理的妈妈；不喜欢遇事新账老账一起算的蛮不讲理的妈妈。

- 喜欢尊重孩子意见的妈妈；不喜欢强调大人怎么说孩子就非得怎么做的妈妈。

- 喜欢对爷爷奶奶孝敬的妈妈；不喜欢对爷爷奶奶态度不好的妈妈。

- 喜欢勤劳的妈妈；不喜欢懒惰的妈妈。

- 喜欢勤学好问有知识的妈妈；不喜欢不学知识，爱指手画脚的妈妈。

- 喜欢有耐心的妈妈；不喜欢脾气暴躁的妈妈。

- 喜欢言行一致的妈妈；不喜欢对别人说的是一套，而自己做的是另一套的妈妈。

- 喜欢把孩子当作宝贝的妈妈；不喜欢整天认为孩子是包袱的妈妈。

- 喜欢待人和气大方的妈妈；不喜欢对人恶言冷语的妈妈。

- 喜欢能使家庭和睦的妈妈；不喜欢成天和爸爸吵架打闹的妈妈。

- 喜欢家庭责任感强的妈妈；不喜欢成天泡舞厅或打麻将的妈妈。

- 喜欢勤俭持家的妈妈；不喜欢不顾家人，只顾打扮自己的妈妈。

- 喜欢心情开朗的妈妈；不喜欢时常赌气，卧床不起，不吃不喝的妈妈。

诚然，每一位妈妈都是普通的人，需要别人的理解和谅解，但是每一位做妈妈的更应该清楚：在科学地关心、教育好自己孩子的同时，还要不断地完善自己，做一位孩子喜欢的、符合时代需要的好妈妈。那么，什么样的母亲才算"合格的母亲"呢？

教育专家给我们的母亲这样的答案：

1. 我们要站在孩子的立场上，理解孩子，做一位开明的母亲。当孩子遇到问题时，应该让他自己去解决自己的问题。

2. 有意识地让孩子了解母亲的弱点，彼此平等相待，保持比较自然的母子（或母女）关系。当母亲出错时也能得到子女的谅解，并应勇于向孩子认错。

3. 孩子一天天在长大，总有一天要飞走，家长对感情上的"空巢期"要做好心理准备。"空巢期"引起的家庭秩序的混乱、精神上的困惑甚至不亚于更年期。母亲在为孩子付出的同时也要保持自己的个性，这一点也很重要。

向上的积极性

通过分析自己的孩子或者别人的孩子，成功的或者失败的、学习好的或者学习不好的，都能发现，这个孩子有没有向上的积极性，常常是一个很重要的区别。学习好的孩子大多表现出向上的积极性很饱满，很充实。因为这种向上的积极性对于学习是动力，是一种努力，是一种主动性和自觉性，是一种对目标的追求和驱动。

如果你的孩子原来智力不错，但是他这段时间没有一种向上的追求和学习的积极性，那么即使他很聪明，这种智能也有可能处在不好的发挥状态，更谈不上往前发展。有了向上的积极性，他的智能就处在非常好的发挥水平，而且能向前发展。

王永庆祖籍是福建省安溪县，那里土地贫瘠，人民生活很困难。王永庆的曾祖父因为日子过不下去，只得离乡背井，漂洋过海到台湾寻找生路，后来便定居在台湾省嘉义县的新店镇直潭里。王家几代都以种茶为生，只能勉强糊口。1917 年 1 月 8 日，王永庆就出生在这样一个贫苦的茶农家中。

王永庆刚刚学会走路，就跟着母亲出外去捡煤块和木柴，希望能换点零钱，或者供自己家里烧水做饭。童年的小永庆常常是饥一顿饱一顿，有时他饿极了，只好偷偷地摘路边的番石榴吃。家里偶尔"改善生活"，煮一些甘薯粥，他也只能分到一小碗。

王永庆 7 岁那年，父母实在不忍心让孩子失学，取出多年积攒起来的几个铜板，把他送进乡里的学校去念书。别家的孩子第一天上学，都会穿上漂漂亮亮的新衣服。可王永庆还是平时的那一套，他穿的裤子是用面粉袋改做的，上面还印着"中美合作"的字样。他头上戴的草帽早已破了，但还得靠它挡一挡烈日风雨。他买不起书包，只能用一块破布包上几本书。甚至连鞋子都没有，总是赤脚在泥泞的山路上来回奔波！

就是这样的生活，王家也没能维持多久。小永庆 9 岁那年，他的父亲不幸卧病在床，全家人的生活重担都落到了母亲的肩上。王永庆看到母亲日夜不停地操劳，总想多帮母亲做点事。挑水、养鸡、养鹅、放牛……只要是他力所能及的，都尽量多做。就这样，他勉强读到小学毕业，只得依依不舍地告别了学校。

王永庆的祖父劳苦了一辈子，最后只给孙子留下了一条教训。他对王永庆说："种茶这一行，看来是难以为生的。就是饿不死，也吃不饱。你是读过书的人，希望你不要再困在这里，还是立志出门闯天下吧！"

15 岁的王永庆，听了祖父的话，决心走出山区，去寻找一个能挣到钱的地方，帮助母亲养活一家人。他一个人孤零零地来到台湾南部的嘉义县县城，在一家米店里当上了小工。聪明伶俐的王永庆，除了完成自己送米的本职工作以外，处处留心老板经营米店的窍门，学习做生意的本领。第二年，他觉得自己有把握做好米店的生意了，就请求父亲帮他借了些钱做本钱，自己在嘉义开了家小小的米店。

经过王永庆的艰苦努力，他开的米店的营业额大大超过了同行店家，越来越兴旺。后来，他又开了一家碾米厂，自己买进稻子碾米出售，这样不但利润高，而且米的质量也更有保证。

抗日战争胜利后，台湾的经济也开始发展，建筑业启动得最快。王永庆敏锐地发现了这一点，便抓住时机，抢先转行经营木材，结果获利颇丰。这个赤手空拳的农民的儿子，居然成了当地一个小有名气的商人。

再也没有人敢小看王永庆，连一贯以经营业绩傲视世界的日本企业家，也对王永庆衷心钦佩，把他与被称为日本"经营之神"的松下电器的创始人松下幸之助相比，称他为台湾的"经营之神"。

王永庆的许多经营管理思想都已成为企业家们信奉的至理名言。王永庆自己总结成功的经验时提到，最有效同时也最有意义的做法，是选择"永远追求更大贡献"作为企业的目标。为了对社会作更大的贡献，企业就会鼓舞斗志，继续不断地扩充事业规模，经常保持着迎接新挑战的热情和对完美境界的追求！王永庆说："我不但与别人竞争，也对自己严格要求！"

1988年，美国权威财富杂志《福布斯》报道：在全世界拥有10亿美元以上资产的富豪中，王永庆以40亿美元居第16位！从不名一文的农家子弟到亿万富豪，从不识"塑料"二字的外行到赫赫有名的塑料博士、"世界塑胶大王"，他的奋斗历程传遍了全世界。

教育专家认为，有很多家长特别喜欢越俎代庖，替孩子做一些本该是他自己做的事。就拿制定目标来说，制定目标的本意是希望孩子在制定的过程中，增强目标意识，提高成功动机，制定可行性目标，促进孩子形成有意识的行动。可是现在家长帮孩子做了，并不可避免地把自己的个人意愿强加了进去，对孩子而言，这个"目标"对他是不是又意味着是一纸行政命令呢？

专家还将实现目标的方法归纳为"六化"：

1. 数字化

比如，你让孩子复习数学，复习是一个很笼统的词，不具体。合理的方法是明确复习的数量，即做几道题，背多少个单词，看几页书。你想让孩子进步，那么就要具体到进步多少名次，或作文写几篇、写作字数达到几百字。否则，你叮嘱得再多，目标制定得再完美，也容易流于形式。

2. 限期化

比如，背100个词组要在1周内完成。没有时间限制，就没有效率。

3. 决心化

家长永远不要代替孩子成长，而是要和孩子达成共识，帮助孩子制定科学有效的作息计划，让孩子明白应该用什么样的努力、决心和劲头去行动。

4. 具体化

把目标落实到1天、1周、1个月、1学期。比如，一个学习较差的孩子，可以这样具体实现他的目标：一方面跟着老师上课学新知识，另一方面通过自学补课，计划好一天补多少，这样，通过一学期的努力就很轻松地赶上来了。

5. 白纸黑字化

把孩子的计划、目标或喜欢的格言警句写出来，贴在显眼的地方，经常读一读，提醒自己。

6. 大声朗读化

经常大声朗读上述内容，通过外在的形式改变自己的行为从而改变自己的心态和思想。这样做还能够增强信心。

专家这样告诉你

世上任何东西都不能代替恒心。

"才华"不能——才华横溢却一事无成的人比比皆是。

"天才"不能——是天才却得不到赏识的人屡见不鲜。

"教育"不能——受过教育而没有找到工作的人并不少见。

只有恒心加上决心才是万能的。

家长该如何培养孩子的执著精神和坚韧不拔的毅力和持之以恒的精神呢？可以从以下几个方面着手：

• 精神激将法

有时候，孩子会有逆反心理，因此当你要孩子坚持完成某件事情，但是他不愿意坚持的时候，根据孩子的特点，可以利用激将法，故意说他不行，激起他继续进行下去的斗志。

• 及时诱导鼓励

当孩子在学习或者生活中遇到了苦难，经过努力之后，自己没有办法解决，失去了信心的时候，家长要循循善诱，给孩子提供适当的帮助，对他已经取得的成绩进行肯定和鼓励，以此帮助他重新树立起斗志。

• 通过讲故事进行熏陶

选择一些中外名人执著追求、坚韧不拔而成功的故事，利用晚上休息前的一段时间讲给孩子听，以此在潜意识里面给孩子树立起行为的榜样，培养起孩子执著的精神。

• 提供榜样示范

家长的身教重于言教，家长本身要做到执著，并对任何事情都不可以轻言放弃。对待工作和学习要持之以恒，遇到困难不气馁，才会给孩子树立起一个良好的现实的榜样。

• 利用同伴激励

利用孩子思想中争强好胜的心理，给孩子提供同伴中具有执著追求、坚韧不拔精神和持之以恒信念的榜样。家长要给孩子精神激励，同时，让孩子有了学习的榜样和目标，能够激发他的动力和恒心，以及克服困难的毅力。

• 进行竞争比赛

和孩子一起去爬山、劳动，或者参加其他能够锻炼意志力和坚持力的活动，并和孩子进行比赛，利用孩子想争第一的心理，对孩子进行实际活动中的教育。

• 习惯成自然

在平时的小事情中培养孩子的坚持力。比如，在孩子看书时，要求他们从头至尾看完后再换另一本。孩子画一幅图时，务必让他们有始有终。孩子学洗自己的衣服时，绝对不准借口累或手疼而半途而废……长此下去，习惯便成自然。

• 有意让孩子吃点苦

在物质条件过分优裕的环境中长大的孩子大多缺乏毅力，由此可有意让孩子吃点苦，如上学挤公交车、在烈日炎炎下赶路、裸身冬练、参加夏令营或者冬令营、参加军训等。

• 加强孩子体育锻炼

积极参加体育锻炼能够增强孩子的意志力和承受挫折的能力。

● 遇到困难多鼓励

没有经受过风雨的孩子在接受意志力考验的过程中，遇到困难或挫折时，意志消沉往往是难免的。此时，来自家长、老师乃至小伙伴的鼓励至关重要。一旦在他人的帮助和支持下鼓起勇气渡过难关，意志力即像打铁似的得到了有效锤炼，其本身就意味着心理素质的某种提高。

● 鼓励孩子一心一意做好某件事

孩子的兴趣常常会很快转移，因而不少孩子今天学钢琴、明天学电脑、后天再学绘画，到头来却什么都没有学好。心理学家指出，这种"三天打鱼，两天晒网"式的学习对培养毅力往往起负面影响。

● 利用玩具进行训练

父母应利用玩具来有效地训练孩子的耐性。不仅要帮助孩子选择一些能够训练耐性的玩具，还要监督孩子在玩玩具时，做到有始有终，不得中途改做其他事情。例如，当孩子在玩积木时，不要在孩子堆到一半时，叫他去收拾书包；在拼图还没有拼完时，不要叫孩子去洗澡；当孩子绘画画到一半时，不要让孩子去做功课等。严防孩子养成半途而废的习惯。

● 利用游戏进行训练

在孩子玩游戏的过程中，父母要注意训练孩子的耐性。平时，注意选一些需要有耐性的游戏同孩子一起玩，以培养孩子的耐性。在孩子玩耍时，要勉励孩子有始有终，不要答应孩子在一个游戏玩了一半时搁下来去开电视机。

● 增强自信心

由于自信是毅力的"精神基础"，自卑者往往难有毅力。因此，父母应从增强孩子的自信心，消除自卑感，来培养孩子的毅力。

● 要孩子广交朋友

鼓励孩子遇事多与朋友交流沟通。话语是开心的钥匙，多渠道交流能化解孩子心中的不解和苦恼，培养孩子乐观的性格，和遇到困难及挫折能够坦然面对的信心。

● 从挫折中吸取教训

培养孩子的好胜心和自信心是帮助孩子取得成功的第一环，也是挫折教育的基础和起点。好胜心的培养需要我们在平时的生活中激发孩子的自尊自信，对孩子多进行正面鼓励，使孩子感受到自己的成功，体会成功的喜悦要放手让孩子参加力所能及的实践，允许孩子有广泛探索的自由。

● 要给孩子提供适度的挫折情境

增强耐挫力，让孩子在日常生活中经受磨炼，家长切不可对孩子过度保护。

管教孩子的六大问题

大多数父母认为"听话的孩子"就是好孩子，而欧美的父母会特别教导小孩必须"清楚地表达自己的意见"，而且在表达的意见当中，还包括说"NO"！不正确的管教之下，塑造出的宝宝会让我们疲惫不堪：

问题1：言行不一致

说到做不到，言行不一致会把孩子变成投机主义者。因为他们知道他们能逃避惩罚，他们试图竭尽所能地做到这一点。

问题 2：小看和责备

有些父母总是主观地否定孩子的言与行，喜欢拿别的孩子与自己的孩子做比较。长此以往，会将孩子的积极性、上进心扼杀，而孩子的自尊心和自信心也会被无情地摧毁。

问题 3：保护或溺爱

有些父母对子女的一切大包大揽，连子女力所能及的事情都舍不得让他们做，甚至将子女的活动范围也完全限制在自己的视线内。这种过分的保护严重干扰了孩子身心的正常发展，导致孩子缺乏独立的生活能力，社交困难，缺少自信。

问题 4：父母过于民主

有些父母不管大事小事都寄希望于"晓之以理"，结果是理没谈成，孩子却被惯坏了。孩子（尤其是年纪较小的孩子）缺乏足够的经验和判断力，在生活中有许多地方需要依赖父母的指导，如果对其过于民主，很容易使其变得为所欲为。

问题 5：滥用奖罚手段

孩子缺乏是非判断能力，为了帮助其明辨是非，父母应该在平时养成奖惩分明的习惯。孩子如果犯了错误，适度的惩罚是应该的。

问题 6：父母意见不一

不少父母缺乏沟通而对教育子女的问题固执己见，甚至在孩子面前公开吵架，这种现象的直接危害是让孩子感到缺乏安全感、不知所措。因此，在孩子面前，父母应注意保持意见的一致，切勿互不相让。

育儿专家指出：孩子可以学会懂事，但这个过程中需要一定的方式方法。这需要我们做到未雨绸缪、坚持不懈，并随时都保持头脑冷静，运用自己的爱心和耐心将小孩从调皮捣蛋的麻烦角色中转换过来。

財商教育

FORTUNE QUOTIENT

古马其顿的国王亚历山大征服了波斯，在一所寺庙里发现了一个用绳子结成的死结。"谁能解开这个结，就能征服全世界。"随从说。亚历山大思索片刻，挥剑斩断了这个结。

在当今社会中，拥有多少财富是一个人成功的标志之一。李嘉诚、比尔盖茨、洛克菲勒成了家长培养孩子的榜样，他们是怎样成功的呢？

如果说成长过程中的困难就像是一个死结，那么财智就是成功者手中的利剑。

财智是一种能力。财智教育不仅仅是让孩子会花钱，更重要的是让孩子具备敏锐的财富嗅觉、良好的财富意识。

美国有一本畅销书叫作《钱不是长在树上的》，这本书的作者戈弗雷在谈到储蓄原则时指出：孩子们可以把自己的零花钱放在 3 个罐子里。第一个罐子里的钱用于日常开销，购买在超级市场和商店里看到的"必需品"；第二个罐子里的钱用于短期储蓄，为购买"芭比娃娃"等较贵重物品积攒资金；第三个罐子里的钱则长期存在银行里。

为了鼓励孩子存钱，可以陪孩子一起去银行存钱，并以孩子的名义开一个户头。当孩子在铅印的存单或存折上见到自己的名字时，会使他们感到自己长大了，变得重要了。另一个好处是它能使孩子们充分理解钱并不是随便地就可以从银行里取出来，而是必须先挣来，把它存到银行里去，以后才能再取出来，而且还会得到存款利息。

许多发达国家的理财教育不仅抓得早，并且合乎孩子们的特点。如 3 岁能辨认硬币和纸币；8 岁可通过做额外的工作赚钱，并会把钱存在储蓄账户里；12 岁能制定并执行 2 周开支计划，懂得正确使用银行业务术语等。有些国家着力研究或已把理财列入教育的课程。

大多数白手起家的世界富豪在教育子女的金钱观、理财观方面都不吝惜时间与精力，总结一下他们这方面的观点，能给我们的理财观带来参考和借鉴。

理财要做到心中有数，要规划自己的理财目标、计划等。IBM 前董事长沃森就要求他的儿子从上初中时候起做每周的零花钱支出计划、每月的收支目标，使儿子很小就树立了商业意识，最后也成了 IBM 公司的首席执行官。

许多父母怕孩子染上贪财的恶习，就不让孩子碰钱，在充满竞争和风险的社会中如此"纯真"很容易被淘汰。索尼公司创始人盛田昭夫刚懂事时，其父亲就告诉他："你是家中的长子，是未来的米酒商。"盛田昭夫从小就被当作家产继承人来培养，渐渐地精明能干，做生意精打细算，后来终成大器。

摩根财团的创始人老摩根当年靠卖鸡蛋和开杂货店起家，发家后对子女要求严格，规定孩子每月的零花钱都必须通过干家务来获得。几个孩子于是都抢着干。最小的托马斯因年龄小老抢不到活干，于是每天用于买零食的钱都非常节省。老摩根知道后对托马斯说："你用不着在用钱方面节省，而应该想着怎么才能多干活多挣钱。"这句话提醒了托马斯，于是，他想了很多能干活的点子，广开财源，零花钱渐渐多了起来，他最后明白了，理财中开源比节流更重要。

很多人敝帚自珍，以为节约能省钱。美国波音公司创始人波音却对他的子女说："旧的不去新的不来，如果你有买新东西的欲望，你就有拼命工作的动力，扔掉旧东西反而能刺激人更多地创造财富。"的确，家庭理财中一味节省用旧物，倒不如努力挣新的。

钱如果来得太容易就不会珍惜，所以理财教育中，如果让孩子心中觉得这是"辛苦钱"，来之不易，会更好地珍惜。美国洛克菲勒财团的创始人约翰洛克菲勒到 16 岁时，决心自己创业。他时常研究如何致富，但百思不得其解。一天，他在报纸上看到一本有发财秘诀的书，便急匆匆去买，打开一看，全书仅印有"把你所有的钱当作辛苦钱"这几个字。他感慨万分，并把它当作祖训，要求子孙后代牢记。

家庭理财切忌将钱摆在超越一切的首位，这样会伤害亲人间的感情。美国"钢铁大王"卡耐基就曾对他的孩子说："金钱不能换来感情。"他说："如果我特别大方，给你们很多钱，那你们可能只记得我的钱，记不住我这个人。如果我特别吝啬，可能也得不到你们对我的感情，所以我宁愿多花些时间关心你们，培养人与人之间的感情。因为在关爱面前，金钱就无能为力了。你们应该牢记最能打动商人心的不只是金钱，还有情感。"

法国心理学家阿内巴舒认为：应较早对孩子进行有关金钱的教育。当孩子会数数时，就应该让他们认识钞票，可以每周给孩子少量的钱，有利于孩子慢慢学会掌握钱财。给孩子零花钱是完全必要的。关于零花钱的使用，家长应该关心，但是不要事事都管。孩子刚开始用钱的时候，很可能掌握不好，会随心所欲地购买一些小零食、小玩具，发生"财政亏空"，这只是"付学费"。家长可以适当给予提醒，但不必过于紧张。

美国家庭普遍认为：教育孩子学会使用零花钱是让孩子学会如何预算、节约和自己做出消费决定的重要教育手段。孩子的零花钱数量可以与他的同伴大致相当；零花钱的使用由孩子全权负责，家长不直接干预；当孩子因使用不当而犯错时，家长不轻易帮助他们渡过难关。只有如此，孩子才能学会对自己的消费行为负责。美国家长一般都鼓励孩子靠打工挣零花钱，教会孩了存钱，提供模拟成人生活开支的训练。

美国著名的理财专家凯 R 雪莉提出了成人们在对孩子们进行理财教育时所负担的义务，孩子在 4 ～ 10 岁时掌握理财的基本知识：消费、储蓄、给予，并尝试；10 ～ 20 岁应养成消费、储蓄、使用信用卡等好习惯。

"钱"是什么？

金钱是什么？金钱意味着什么？怎么去花那些钱？……有人说它使人贪婪无度，有人说它让人丰衣足食，有人说它是一种改善自己和他人生活的工具。面对这纷繁复杂的世界，该如何帮助自己的孩子树立一种正确的金钱观呢？

东西方社会之间存在着巨大的文化差异，在价值观方面也能够体现出不同。

东方人讲究"重义轻利"，孟子说过："生，我所欲也；义，亦我所欲也。二者不可得兼，舍生而取义者也。"为了追求心中的"义"，连性命都可以不要，又何况金钱呢？自古以来中国封建社会"重农抑商"，对商人采取打击、抑制的做法，民间也看不起商人，谓之"无商不奸"。就连唐代大诗人白居易也在《琵琶行》中写道"商人重利轻别离"。

中国的读书人对金钱更加鄙视。我国古代两晋时曾有一个人，平时绝口不提"钱"这个字，恐怕有失身份。他的朋友为了试探他，趁这个人午睡时，在他的床前堆满铜钱。这人睡醒之后，无法下床，无奈只好对妻子说："除却阿堵物（拿走这堆东西）。"还是没有说钱！

而西方人则大有不同。他们进入资本主义社会很早，靠资本积累创造出今天的繁荣景象，自然对金钱有着特殊的认识。但西方人有时过分注重金钱的力量，"拜金主义"、"金钱至上"，而忽略了人与人之间应有的感情。

两种价值观自然各有优缺点，在商品经济极度发达的今天，对孩子究竟应该采取何种教育方法是值得父母们仔细考虑的。在21世纪的今天，故作清高，完全不按经济规律办事；或者拿钱不当一回事，大手大脚，这样的孩子很难在社会上立足，更不要说成为未来的商界奇才了。

有一次，一位妈妈带着自己的女儿去参加汽车模型展览会，女儿非常高兴。在一个展位前，女儿停下了脚步，望着展览橱窗里的汽车模型羡慕不已。妈妈看出女儿很喜欢那个模型，但故意不说话。

过了一会儿，女儿忍不住说："妈妈，我，我想要那个小汽车。"

妈妈想了想说："可是它是不卖的呀。"

看着女儿失望的表情，这位妈妈笑着说："你想一想，除了买以外，还有什么办法吗？"

女儿咬着嘴唇，仔细地想了一会儿，突然兴奋地叫道："我会画画，我可以画一张汽车的素描，去和他们换。"

妈妈满意地说："好哇，就这么办。"

女儿用心地画了一张汽车的素描，并且自己与工作人员交涉，结果真的如愿以偿，捧着心爱的汽车模型回家了。

上面这位母亲就很好地培养了女儿正确的价值观：想得到自己喜欢的东西，就必须付出相应的努力。所谓"舍得"，有"舍"才能有"得"。生活中这样的例子还有很多，请父母们时刻留心，在这样的小事中培养孩子的价值观吧。

现在孩子的金钱来源不外以下三项：零用钱、特别奖励及压岁钱，其意义本在于教导儿童学习如何支配金钱及消费，建立正确的价值观。

● 零用钱

专家认为，家长不应毫无节制地发放零用钱给子女，或者成为他们"有求必应"的财神爷。父母最好在清楚计算孩子的日常实际开支之后，再象征性地加上额外的零用钱。年纪愈小的孩子，父母的监督要愈严，再视其年龄增长，调整零用钱的发放周期与金额；每周应该拨出一点时间跟子女讨论零用钱的使用情况，并与子女建立统一的家庭金钱价值观。

● 特别奖励

相信家长都有经验，孩子在某些事物上表现优良，做长辈的少不了会给予奖励。而最常见的形式便是给予奖金、奖品，或者带孩子上餐馆吃大餐。事实上，这些行为都无可厚非，家长必须注意的是，尽可能不要利用金钱或物品来诱发孩子达成你的期望或要求，否则孩子的价值观就容易被扭曲。

● 压岁钱

比起上面两项，压岁钱对孩子可说是数目最多的一笔"意外之财"。家长不妨趁此做一次机会教育，指导孩子将得来的压岁钱做有效的分配，学习资金配置的观念。若子女年纪还太小，父母代为运用的压岁钱中，也别忘了拨一小部分帮他存起来，等孩子懂事一点之后，再指导他们储蓄。

下面是专家给父母的有关对孩子理财要注意的事项：

1. 父母要做良好示范

俗话说"身教重于言教"，这句话同样适用在家长教育子女的金钱价值观上。子女会学习复制父母亲的理财模式，如果大人本身对待金钱的处理态度就不正确，错误的示范将会一再重演在下一代身上。父母不可以一方面要求子女节俭、储蓄，自己却任意花费，这样的教导是毫无说服力的。

2. 养成储蓄好习惯，定存优于投资

父母应该从小就告诉子女储蓄的好处，"钱存在银行有利息，留在口袋只会花个精光！"家长可以带着孩子到银行实地操作，这样会让他们更有参与感及责任心。必须注意的是，父母在教导子女储蓄的时候，也要灌输知足、分享的观念，免得孩子成了贪得无厌的守财奴、小气穷酸的吝啬鬼。

当钱累积到一定程度，家长可以适时引导子女制定资金使用计划，比如买书、学乐器等。如果孩子理财观念良好，甚至可以和他们讨论投资计划，例如购买保险、基金，及早为自己的教育及创业基金做规划。

3. 持之以恒有耐心

父母引导子女建立理财观念的第一步，就是培养孩子养成固定记账的习惯。记账的用意在于使孩子们明白自己金钱的使用流向，进而从中了解"开源节流"的重要性，训练他们对自己的消费行为负责。账目明细愈详细愈好，每一笔收入支出都要记得清清楚楚。

家长也要时时刻刻检查子女的账簿，并与他们讨论，同时借机教导他们正确的理财观念及态度。刚开始记账时，孩子或许会因为总是记一些流水账而感到厌烦，父母更要有耐性地从旁辅导协助，使固定记账也成为一种日常生活习惯；置之不理、半途而废，都是不良的行为和示范。

财务规划专家更建议：个人理财观念应在 12 岁以前建立，家长

愈早向子女灌输正确的理财观念，教导他们如何管理金钱，将来提早享受财富的理想便不难实现。

什么是正确的金钱观？

有关专家指出，父母完全能够教会孩子具有经济头脑，也能够训练孩子养成良好的理财习惯，而且这类教育宜早不宜迟。受到良好金钱观教育的孩子长大成人后才能对金钱抱有正常的心态，处理好人与金钱的关系。

什么是正确的金钱观？是贪图富贵，挥金如土？还是只挣不花，做守财奴？虽然有钱没钱都可能导致罪恶，但金钱本身并不可怕，关键是家长首先应该弄清自己的价值观，否则就无法成功地教导孩子。孩子是通过观察父母的言行来学习的。如果父母在吃饭的时候总是谈论什么东西值多少钱，那么，当你告诉孩子钱并不是一切时，孩子肯定是大惑不解。对于具体的钞票、硬币，孩子可能都认识，但很少有孩子能对金钱有正确的认识。

美国石油大王约翰 D 洛克菲勒是美国实业家、慈善家和美孚石油公司创办人。他于 1839 年 7 月 8 日出生于纽约州。约翰的父亲是个商业意识极强的人，他用自己的言行影响着小约翰。

小约翰 7 岁那年，有一次独自去树林里玩耍，正玩得兴致勃勃，忽然在林木深处发现了一个火鸡窝。他心中一动，想出个非常奇妙的主意。于是，他每天一大早就跑到树林子里，悄悄藏在火鸡窝附近，等火鸡暂时离开窝时，他就奔上前去，抱上一只小火鸡就跑。他把抱回家的小火鸡养在自己的房间里，细心照料喂养。他一次又一次，抱回了好几只小火鸡。到了感恩节，他就把喂养大了的火鸡卖给邻近村子里的农民，把赚到的镍币和银币都放进蓝色的瓷盒里。然后，他又把盒里的硬币换成一张张绿色的钞票。这种做法受到了父亲的赞扬。

小约翰 11 岁那年，父亲因涉嫌对家里的女佣施暴被起诉。当法庭要传讼他父亲的时候，他父亲逃走了。父亲逃走后，约翰作为长子，家庭的重担自然落到他的双肩上。他要在田里干活，有时还要挤牛奶。

美国是一个商业意识很强的国家，父子之间的劳务来往也都要计算报酬。约翰把帮家里干活的工资，每小时按 3 角 7 分计算，全部记在自己的本子上，准备父亲回来时，再向他结账。

父亲经常在夜间潜回家中和儿子见面，有时给儿子点钱，约翰都积攒起来。有一次父亲问他："小约翰，你的瓷盒里大概存了不少钱了吧？"父亲望着这个满脑子生意经的儿子喜不自禁。

"我贷了 50 元给附近的农民。"小约翰满脸骄傲地说。

"噢，你攒了 50 元啊！"父亲惊讶了。

"利息 7.5%，到明年就能拿到 7 角 5 分的利息。另外，我在马铃薯田里帮你的工，每小时 3 角 7 分，明天我把小本子拿给你看，其实像这样出卖劳力是很不划算的。"

小约翰毫不理会父亲的惊讶，滔滔不绝地说着，一副精明商人的神气。这一年，约翰才 12 岁。

父亲每一次深夜潜回家中，总是不厌其烦地向儿子灌输商业意识："人生只有靠自己，做生意要趁早。"

深受父亲影响的小约翰 12 岁就辍学了，投身于多彩多姿的商业世界。小约翰为了寻找职业，敲过银行经理的门，到过他从小就不喜欢的铁路公司。烈日下，他大汗淋淋，奔波了几周，终于找到了一家叫休泰德的公司。他的工作是会计助理，薪水是每周 3 元 5 角。

约翰是个非常认真的小会计。每当水电工人来清款，老板以前大都是清出多少就付多少，而小约翰却要把每一项目仔细查清后再付款。

有一次，公司从弗格蒙特州购进了一批大理石，可是当运来之后打开包装一看，却发现高价购进的大理石材，竟有瑕疵。这是运输过失，于是小约翰要求运输公司负责赔偿损失。

对这件事，老板休戚大为赞赏，他立刻把约翰的月薪提为 25 元，第二年又把月薪提到 50 元。

在休泰德公司工作的第三年里，约翰准确地掌握了商业信息，果断地收购了一批小麦和火腿。

休戚有些担心，埋怨约翰说："你是怎么搞的，竟自作主张买起小麦来了，我们的公司是以居中介绍抽取佣金和办理货运来赚钱的，投机的生意可是从来不做的。"

约翰从容地说："董事长，根据新闻报道，英国即将发生饥荒，现在趁机把货运到伦敦，一定可以赚大钱。另外，我还订购了 80 桶高级火腿呢！"

他还购进了玉米、肉干，甚至还买了食盐。公司本来也做住宅、办公室、仓库等的租赁业务，如今仓库里却堆满了约翰所囤积的小麦、玉米、高级火腿等。

果然不出约翰所料，不久，英国发生了饥荒，休泰德公司把囤积的货物向欧洲市场抛售，获得了巨额利润。

"休泰德公司的那个乳臭未干的小伙子，对他丝毫大意不得呀！""那家伙实在是个天才商人！"一时间，约翰名声远扬，成为人们议论的对象。

约翰 D 洛克菲勒从 16 岁当簿记员开始，靠其从小养成的商业感觉和逻辑的分析头脑以及出奇制胜的经营策略，终于成为垄断全美石油业的石油大王，美国十大富豪之一。

　　中国人对"丰田"这个名字并不陌生，随便到马路上转转，就能看到奔驰着的"丰田"汽车。丰田汽车工业的发展和丰田英二这个名字有不可分割的关系。丰田英二曾担任丰田汽车公司总经理和社长达40余年，直到1984年卸任。

　　在他卸任前一年，天皇颁给他一等瑞宝勋章，这在日本是最高的殊荣了。但丰田英二却平淡地说："颁勋章对我而言，就如同通过人生的期末考试之后，发表了成绩一般。"

　　丰田英二出生于名古屋市西区掘端町。他家就在自家开的工厂的一角，所以他说自己是生在工厂内的。丰田英二的伯父佐吉是个天才发明家，发明了蒸汽织布机，开设了一家织布厂。后来，丰田英二的父亲脱离长兄佐吉而独立，开设了自己的织布厂。

　　从丰田英二的名字上不难看出，他排行老二。他的哥哥生下不久就夭折了，母亲一直没有怀孕，直到10年后才生下他。后来，母亲又先后生下弟弟俊彦和妹妹百子。不幸的是，母亲在生下百子后3天就去世了。按照日本习俗，丧事不能由比死者年长的人主持，于是6岁的英二便成为丧主。他坐在人力车上，先到庙里做丧事，然后去火葬场。父亲只在门口送行，没有参加葬礼。

　　丰田英二自小聪明好学，上小学五年级的时候，也就是1925年，名古屋地区开始有无线电了。他立刻着手制作收音机。他买回自己无法做的零件，然后绕线圈，将零件组合起来，制成了一台矿石收音机。他对父亲厂里的蒸汽机引擎也十分有兴趣，每天放学后看大人操作，已知道大概的操作程序。但不论他怎么要求，却得不到大人的允许去接触那引擎，他就趁清洗锅炉的时候，不顾大人呵斥，钻进钻出，摸清了它内部的构造。

　　丰田英二不但勤奋好学，而且自幼就有金融方面的天赋。

他小学二年级放暑假时，佐吉伯父带他去上海玩了一趟。佐吉在上海也办了一家"丰田纺织厂"，经常往来于日本与上海之间。到了上海，他住在伯父买的一栋大洋房里。伯父给他 10 个银元零用。

当时上海使用一角银币和一分铜币。一角银币有时换 11 个铜币，有时候换 9 个，这一点也不奇怪，因为汇率每天变动。

丰田英二就对伯父说："11 个的时候换了放着，9 个的时候再换回来，不是可以赚钱吗？"

伯父称赞他说："一点儿也没有错。"

但小英二却弄不懂为什么会这样，他询问大人也得不到满意的答案。于是他自己做了个结论：想要一分钱的人多时，一分钱就要涨价；想要一毛钱的人多时，一毛钱就要涨价。

针对不同年龄段的孩子，培养孩子经济头脑的教育也是不同的。

3 ～ 6 岁

银行家尼尔高德佛瑞建议家长对孩子进行游戏教育，让孩子从小认识钱币，了解找零钱。当孩子稍大一些后，可以带他去购物，并和他讨论所购物品的价格。

几乎每个家长都会遇到这样的问题，带孩子购物时，如果不给孩子买他要的东西，他就会生气耍赖。为避免此类事情发生，最好在出门之前就和孩子讲好"条件"：只买一样。这样，孩子就会在整个购物过程中仔细考虑他要的东西。对于孩子的过分要求，即使你买得起，也应该对孩子说"不"。慢慢地，孩子会知道，不是他们想要什么就有什么。

此外，还应教会孩子学会给予。要让他知道不是每个人都有机会上学念书，都有温暖的家，都能穿漂亮的衣服。让孩子去接近、去关心、去帮助在困难中的孩子。

7～12岁

孩子在7岁左右已能懂得行为与结果之间的关系，并开始自己做出决定。这时候可以开始给孩子零用钱。家长一定要记住，给孩子钱的目的并不是让孩子去炫耀家庭的经济地位或解决生存之必需，而是要让孩子学习如何使用与管理金钱，这是给零用钱的最重要的目的。当孩子手里拿着有限数目的金钱时，他就会学着取舍。

有些家长把零用钱的多少与孩子的成绩高低或做家务多少联系起来，也有些家长给零用钱没有限度，孩子随要随给，这样做究竟好不好呢？要回答这个问题，需要我们不断反思给孩子零用钱的目的，这就是：让孩子学习如何使用与管理金钱。凡是不利于实现这一目标的做法都是不足取的。

孩子应该做一些力所能及的家务，也应该努力学习，这是他们的责任。如果在学习和做家务之类的事情上付钱给孩子，某种程度上说是在"贿赂"孩子，这是不利于孩子建立正常的责任感的。给钱没有限度，肯定不能让孩子学会如何使用与管理金钱。

零用钱还给孩子提供了一个学会节省的机会。有一对夫妇，丈夫是律师，妻子是教师，生活还算可以。他们每周给女儿5元零用钱。夫妇俩每月都把一定比例的钱存起来，他们也鼓励女儿这样做。女儿的一部分零用钱用来买漫画书和学习用品，省下的存银行。她说："等我长大了，我要拿我存的钱买一幢房子、一辆车，还可以用它去帮助有困难的人。"

13～17岁

这个年龄的孩子应该掌握怎样控制消费。父母到底该不该给孩子买他企盼已久的新款名牌运动鞋呢？这是许多家长都会遇到的典型问题。如何决定，不仅取决于你的收入水平，还取决于你和你孩子的价值观。香港一位姓韩的女士开始反对给她的孩子买那么贵的名牌运动鞋，不过后来，她改变了主意。她说："实际上，名牌鞋更耐穿，而且样子确实好。"让韩女士感到欣慰的是，她的孩子已逐渐学会了合理支配手头的金钱。她和孩子关于物品性能价格比的讨论，开始起作用了。

当孩子向家长要钱时，家长不要总是有求必应，要多少给多少。孩子不那么容易拿到钱，有利于培养他们的独立与自尊。如果家长不赞成孩子穿名牌服装，那么就对他说"不"，并向他说出你的理由，这样，有助于当孩子独立面对奢华诱惑时，理智地做出自己的判断和选择。

对十几岁的孩子进行金钱观教育的终极目标是培养他们的经济独立意识。做父母的不妨自问："当我的孩子成人时，他能够处理好自己的经济问题吗？"如果你的回答是否定的，那么现在开始帮助他，引导他，为时不晚。

避免误区

我们不需要要求孩子在小时候就能够创造出大量的财富价值，赚很多钱。现在的社会环境也不允许孩子很小就涉足商场或出去工作，但父母们应当有意识地培养孩子这种意识。

孩子生长在物质财富极度发达的社会，家长可以提供支配的财富也比以前有了大幅的增长，但他们对此是否有一个清醒的认识呢？

没有钱家长就会给，取之不尽，用之不竭，大多数的孩子都会有这样的想法。家长需要注意避免陷入这样的误区。可以规定每月定量的零花钱，由孩子自由支配，让孩子亲身去体验金钱的使用，培养他的财富意识。

一个孩子在夏天每日有两元钱的车费，他可以选择坐舒适凉爽的空调车，也可以坐普通车。结果，这个孩子选择了闷热的普通车，因为这样可以节省下一元钱买自己喜爱的东西。

松下幸之助是举世闻名的日本松下电器公司的创始人，是一位传奇式的人物。他从一个 3 人的小作坊起步，经历了半个世纪的奋斗历程，发展成为拥有职工 2.5 万人的世界电器之王。在几次大的经济危机冲击下，许多企业倒闭，而他却稳稳地站住了脚跟。松下幸之助从小工干起，通过不断地学习，最终创造出世界级的巨型企业，他的学习方式也为世人所模仿。

1894 年 11 月 27 日，松下幸之助出生于日本和歌山县海草郡和佐村的一个贫苦农民家庭，父亲松下政楠和妻子一共生了 7 个孩子，松下幸之助是最小的一个。因为家庭贫困，松下幸之助的两个哥哥相继夭折了。

童年的幸之助生得眉清目秀，很招人喜欢。他是家中最小的孩子，父母都很疼爱他。

穷人的孩子懂事早，幸之助 6 岁进小学，他小小的年纪就知道上学的机会来之不易，因此非常珍惜，学习很自觉。

自从母亲送他上学的那一天起，只要是上课的日子，他总是一大早就背起书包，自觉地去上学。在学校他是老师喜欢的好学生。回家后，他立即做作业，然后帮助母亲干力所能及的劳动。由于学习刻苦，加上天资聪颖，幸之助的学习成绩一直很好，尤其是数学，他成了年级里的尖子。这个聪明、文静的孩子，尽管家境穷苦，但勤奋好学，对人友好，因此深得老师和同学们的喜欢。

由于家庭贫困，年仅 10 岁的幸之助不得不中断小学的学习，在父亲的安排下前往大阪的一家自行车店当小工。

在当小工的时候，他的父亲经常对他说："孩子，想成就事业者，首先得从基础干起。在干活时,你要脑子活、手脚勤,不断地向人学习。"

父亲的教导时刻鞭策着幸之助去学习。在自行车店,幸之助的主要任务是干杂活,清扫店铺,收拾工具,跑腿送信,为干活的师傅打下手。

在干这些零碎活的时候,善于学习的幸之助的脑子一刻也没闲着。他注意观察自行车的构造,学习如何装配车辆。在短短的时间里,他就学会了如何组装自行车。

不仅如此,善于学习的幸之助还注意学习如何销售自行车,每当其他的店员与顾客谈生意时,幸之助总是在旁边细心观察,用心揣摩。

不久,聪明的幸之助也掌握了销售的技巧,只是由于他年龄太小,老板放心不下,不让他插手。

一天,机会终于来了。附近镇上蚊帐店的老板来电话,要一辆自行车。老板不敢怠慢。可当时除了幸之助外再也没有别的人了,于是,老板破例让幸之助去一趟。

在幸之助临走时,老板不放心的吩咐道:"村田老板喜欢讨价还价,如果他要打九折,就卖给他。但记住,最低价为九折,低于九折不卖。"

信心百倍的幸之助来到了蚊帐店,向村田老板详细介绍了自己商店经营的自行车的性能、特点和价格。别看是个孩子,介绍起自行车来却是有条有理,清楚明白。

村田听了很高兴,但在谈价格时,村田说:"回去跟你的老板说,必须九折出售我才能要。"

幸之助听了,很高兴,心想:老板说了九折可以卖,看来,这桩买卖能做成。但已学会了做生意的幸之助表面上仍不露声色,假装解释说:"对不起,村田老板,我们老板说了,不能打折。"

"不要解释了,你做不了主,回去跟你老板说,九折,多一分也不买。"说完就不再理幸之助。

幸之助心里知道，其实村田很想买车，如果要价九五折的话，他还是愿意买的。

于是，聪明的幸之助就假装走了出去，在外面逛了一圈之后又回到了村田的店里，假装委屈地对他说："我把你的想法告诉我的老板之后，老板把我骂了一通，说我不会做生意，他叫我带话给你，最低价九五折，少一分也不卖。"

听完了幸之助的话之后，村田老板觉得幸之助怪可怜的，再加上他心里也接受这个价格，于是，他就同意按九五折买下了一辆自行车。

幸之助凭借自己暗地里学来的销售技巧，以高于老板规定的价格做成了自己的第一桩生意。老板非常高兴，马上提拔幸之助为正式店员。

理财教育是孩子的立身之本，从小就有意识地培养孩子的"财富嗅觉"，从短期看是培养孩子不乱花钱的习惯，从长期看将有利于孩子及早形成独立生活的能力，使其具有可靠的立身之本，也是培养一个未来的商界奇才所必须要做的。

培养孩子的财富意识，家长可以：

1. 以游戏的方式。家长可以与孩子玩类似大富翁的游戏，加深孩子的印象。

2. 以聊天的方式。茶余饭后，与孩子在一起的时候，家长可以谈谈自己小时候的故事，给孩子以启发。

从小学习理财

应该怎样教育孩子学习理财？现在的孩子大致可以分成两种类型：一种任意挥霍浪费，没有计划，认为父母是取之不尽的聚宝盆；

另一种小气吝啬，对钱"只进不出"，该花的钱也不花。无可置疑，这两种孩子的家长都需要加强孩子的理财教育。

在幸之助小时候，孩子们中间流行一种铁陀螺游戏，就是把一个铁陀螺用力在光滑的盆里旋转，看谁的陀螺转的时间长。松下很喜欢这种游戏，常常背着主人的孩子到邻居家去看孩子们玩铁陀螺。

一次，幸之助带着孩子来到邻居家。三四个孩子正围着一个瓷盆玩陀螺。松下看得兴起，也凑到近前要求试一下。他用尽全力扭动身子发动了陀螺。陀螺转得飞快，背上的孩子也因为这一甩动向侧面倒下去。幸亏松下反应快，扭身抱住了孩子的双腿，孩子才没有摔到地上去，但额头却磕在凳子上，立即肿起了一个大包，孩子顿时撕心裂肺地哭起来。

幸之助大惊失色，心想这回祸闯大了，非挨主人家一顿臭骂不可，弄不好还会砸了饭碗。急中生智的他想起店里刚发了薪水，自己的口袋里有钱。于是便跑到街上的一家包子铺，花1分钱买了一个热气腾腾的包子，宝贝似的捧回来给那孩子吃。孩子边哽噎抽泣着，边吃包子，不再哭得惊天动地了。松下又找了点肥皂，涂抹在孩子的包上，那包才看起来不算太显眼了，幸之助这才背上孩子回家。

回到家里，幸之助主动把事情报告给了老板娘。老板娘看孩子没出什么大事，也就没有责怪幸之助，反而对幸之助一出手就是1分钱而大加赞赏。

原来，那时的1分钱比现在的1分钱贵重多了，相当于幸之助3天的工钱。幸之助打工的火盆店的薪水是每月初一、十五两次开支，一次5分钱，1分钱一个的包子是幸之助从来不敢奢望的。从幸之助处理这次紧急事件的过程来看，他已经很有点大将之风了。

美国孩子的爸爸妈妈在家教中，注重从以下几个方面教孩子学理财，很值得我们的家长去学习：

1. 教孩子认识各种货币的价值及其使用

家长从小就注意让孩子识别各种货币。年龄小时，主要认识硬币，然后再认识数额大的纸币。并教孩子在使用中辨认各种货币的币值是多少。教孩子使用货币与教孩子学习加减法相结合，与买商品的活动相结合，让孩子知道各种货币之间的数量多少并如何才能做到等值。

2. 教孩子养成储蓄观念

美国家长，特别是华裔家长，很重视培养孩子的储蓄观念，为以后学会"炒股"打下思想基础。例如，有的小孩喜欢吃冰淇淋，如果买一杯要花 50 美分的话，家长就告诉他："你想吃可以，但是今天只能给你 25 美分，等到明天再给你 25 美分，你才能买来吃。"这就是孩子储蓄观念的萌发。

又如，在一些节日，家长或亲戚朋友也会给小孩一些零花钱，或者平时给孩子一些钱，或者让孩子得到一些劳动报酬，家长则会帮孩子找到有利息的银行开一个存款账户，让他把所有得来的钱都存入这个户头，每半年或一年就和孩子坐下来算这个户头得了多少利息，并教他们如何利滚利的。

3. 教孩子合理使用自己的积蓄

家长除了供给孩子最基本的生活必需品外，有些消费则让孩子用自己的积蓄去开支。例如，孩子想买网球拍、自行车等，或想去旅游，指导他用全部或一部分储蓄。这样就使他认识到储蓄的意义，体会到用自己的存款来买自己想要的东西的愉快和兴奋，而且也培养孩子学会有计划地管理金钱的能力。

4.教孩子学会精打细算，不乱花钱，不浪费钱财

尽管美国一般家庭都比较富有，但他们的生活比较简朴，不论是在家里吃饭，还是请客吃饭都比较简单。他们的生活开销也是比较有计划的，例如，对孩子打工得来的酬金，家长会告诉孩子不要一次花光，只花一部分，其余的就存在自己的户头上。在一般情况下，家长都要协助孩子拟定一个消费计划并正确执行，例如，孩子一时要用钱而借了别人的钱时，家长一定会催促孩子及时还钱给他人，让孩子养成良好习惯。

5.教孩子学会通过正当手段去获得一些收入

美国人常将自己不需要了的东西拿出来拍卖。小孩自己用不着的玩具等也可以摆在家门口出售，以获得一点收入。有的小孩子帮忙送报可以得到一些报酬。但帮家中做些日常生活的事情，并非事事都给钱，例如，洗碗、吸尘、擦玻璃、倒垃圾等，不但不可付钱给他，而且还要让孩子知道他是家庭中的平等一员，既享有权利，又要尽义务。但是家里要付钱请人做的事，如割草、洗车、清理车库、油漆墙壁、修剪花园等可以付钱请孩子帮忙。当然，哪些项目是义务的，哪些项目是可以得到报酬的，每个家长都可根据自己的价值观和孩子的实际情况而定。但是，尽义务是必须的，报酬是为了培养理财观念。

另外，家长也十分注意用自己的理财观念和消费行为来影响孩子，因为他们知道，许多时候父母不必说什么就可以把花钱的决定、次序、信念及习惯等潜移默化地传授给孩子，所以家长处处都要以身作则。

专家这样告诉你

"当我的孩子成人时，他能够处理好自己的经济问题吗？"父母应当这样自问。

培养孩子健康的金钱观和理财能力，让孩子学习如何使用与管理金钱，培养孩子正确认识社会、锻炼社会实践能力，对孩子健康人格和良好素质的形成，以及处理复杂事物能力的培养都有重要意义。

今天，我们用什么方式去教育孩子对待金钱，将来孩子就会依样画葫芦去对待这个世界。

• 自我控制

孩子有了钱，常常不能控制自己，喜欢买零食，或是打游戏等。学校和家庭都要引导孩子将零花钱用在对身心健康有益的事情上。其实这并不容易做到，孩子一开始可能做得不好，但为此交点"学费"也是值得的，学会自我控制对孩子的健康成长非常有益。

• 学习理财

家长们在这方面积累了许多宝贵的经验。如从小让孩子认识钱币，了解找零钱的观念；当孩子稍大一些后，带他去购物，并了解商品的价格；给孩子和玩伴大致相当的零花钱，并给孩子建立一个小"账本"，树立孩子购物预算的意识；鼓励孩子在购物时多比较，或是购买打折商品；孩子有余钱时（尤其是压岁钱），要引导孩子储蓄；给孩子一份家庭消费表，让孩子了解并参与家庭消费行为。需要指出的是，身教重于言传，家长一定要给孩子树立一个良好的榜样。

• 重视品德

在培养孩子理财能力的同时，还应该注意培养孩子的品德，应教会孩子学会给予。让孩子多接触他人和社会，培养他关心他人、关心社会公益事业的品质。因势利导，教育孩子献爱心，向希望工程和灾区捐款，使零花钱用得更有意义。